세상에서
가장 아름다운 당신에게

귀한 생명을 품고 있는 당신,
"수고가 많아요. 정말 고마워요!"
믿음으로 태아와 함께할 40주를 위해
사랑을 가득 담아 이 책을 선물합니다.

이 세상에 단 하나뿐인 선물,

_____ 엄마에게

40주 시편 태교

40주 시편 태교

지은이 김경수, 최향자
펴낸이 임상진
펴낸곳 (주)넥서스

1판 1쇄 발행 2021년　9월 30일
1판 2쇄 발행 2021년 10월　5일

출판신고 1992년 4월 3일 제311-2002-2호
10880 경기도 파주시 지목로 5
Tel (02)330-5500 Fax (02)330-5555

ISBN　979-11-6683-142-3　03230

www.nexusbook.com

좋은 성품과 매일 감사를 위한

40주

시편
태교

김경수 · 최향자 지음

넥서스CROSS

네 태중의 아이가 복이 있도다

우리는 시편을 읽을 때 마음이 따뜻해진다. 더불어 마음의 위로와 확신을 얻게 되며, 감사의 찬송을 통해서 주님이 주시는 기쁨을 얻는다.

시편에는 따뜻한 간증, 고백, 감사, 소망, 기쁨, 찬송이 녹아 있다. 그래서 누구든지 시편을 읽으면 마음에 평안이 찾아오면서 어둡고 근심 어린 마음이 물러가는 것을 느낄 수 있다.

성경학자들은 시편이야말로 최고의 찬양이라고 극찬한다.

그 이유는 인간이 갖고 있는 문제를 기도와 찬송으로 해결하는 동시에 말씀이 시가 되고, 노래가 되고, 기쁨이 되기 때문이다. 결국 시편은 우리에게 소망을 준다. 따라서 시편은 최고의 노래라고 할 수 있다.

이 책은 하나님의 말씀, 시편을 읽는 것으로 시작한다. 말씀 중심으로 묵상을 한 후 다양한 예화와 좋은 말들이 담긴 메시지를 통해 깨달음을 얻을 수 있도록 구성했다.

그다음으로 엄마가 아이에게 직접 건네는 태담 꼭지를 마련해 아이에게 엄마의 목소리로 좋은 이야기를 들려주도록 했다. 그리고 아기와 엄마, 새로운 가정을

위해 기도할 수 있는 기도문을 넣었다. 매일 기도문을 통해 기도하는 습관을 들이면 언제 어디서든 태중의 아기를 위해, 그리고 엄마 자신을 위해 하나님께 기도할 수 있게 될 것이다.

마지막으로 수많은 성경 구절 중에서 엄마가 흔들리지 않도록 믿음의 말씀을 넣었다. 이렇게 하는 이유는 태아가 엄마의 믿음 안에서 하나님과의 관계가 형성되어 지혜가 자라나 예수님의 성품을 닮을 수 있도록 돕기 위함이다.

시편 태교 기도를 통해서 태아가 건강한 성품과 기질을 가지고 태어나고 하나님의 은혜로 건강하게 자라나기를 바란다. 끝으로 새 생명을 품은 모든 분, 모든 가정에 하나님의 축복이 함께하시기를 기도한다.

김경수 목사 · 최향자 사모

아름다운 태교를 위해

태담 태교는 배 속에 있는 아이와 부모가 이야기를 나누는 것뿐만 아니라 함께 기도하는 것이다. 이렇게 태교하면 산모와 아기가 평온한 마음으로 감정을 교류할 수 있고, 아기의 뇌세포를 자극해 뇌를 비롯한 여러 기관 발달에 도움을 줄 수 있다. 아이의 정서와 운동 신경, 감각 신경도 발달한다. 무엇보다 태담 태교는 태아 때부터 기도하는 습관을 갖게 하여 늘 기도하는 아이로 자라게 할 수 있다.

❶ 태아의 청각 기능이 완성되는 임신 5개월 무렵 시작하면 좋다.

❷ '아가야' 대신 태명을 불러준다.

❸ 부드럽지만 분명한 말투와 높낮이를 살리는 억양이 좋다.

❹ 배를 살짝 두드리거나 쓰다듬으면 더욱 효과적이다.

❺ 일방적인 이야기가 아니라 서로 대화하듯 태아의 존재를 인식하며 말한다.

❻ 부부가 함께하면 더욱 좋다. 특히 아빠가 적극적으로 참여하면
산모의 불안감이 줄고, 부부간의 애정도 깊어진다.

❼ 사랑하는 마음을 듬뿍 담아 기도하는 마음으로 태아와 함께하는 것이 좋다.

지혜로운 아기를 위한
엄마의 기도

창조의 하나님 감사합니다.
모든 만물을 창조하시고, 하나님의 형상으로 사람을 창조하시어
기쁘신 뜻을 저희에게 보내주시니 감사를 드립니다.
생명의 근원되시는 하나님으로 인해, 저희 가정에 태의 열매를
주시니 더욱 감사를 드립니다. "자식들은 여호와의 기업이요
태의 열매는 그의 상급이로다"(시 127:3)라고 말씀하였사오니,
태의 열매로 인하여 생명의 고귀함을 느낍니다.

하나님께서 저희에게 허락하신 태아가 지금은 비록 작고
연약하지만, 하나님의 능력으로 잘 착상되게 하시고,
외부의 실수나 압력으로 탈이 없도록 보호하여 주옵소서.
특별히 엄마에게 건강한 신체와 정신, 평안한 마음을 주시고,
성령 충만함과 지혜와 은혜도 주옵소서.

하나님 아버지!
입덧이 그리 심하지 않게 하시고, 입덧으로 인해 음식을 먹는
것이 불편하지 않도록 인도하여 주시기를 원합니다.
임신 기간 내내 안팎으로 어려운 일이 생기지 않도록
섭리하시고, 늘 지켜 보호하여 주옵소서.
사랑이 많으신 예수님 이름으로 기도합니다. 아멘.

시편은 어떤 책인가

시편은
우리 주 예수 그리스도의
인격 안에서
머리와 지체들에 의해
바쳐진 기도이며
그리스도는 머리이고
우리는 지체들이다.
말할 나위도 없이
그분의 목소리는 곧 우리의 목소리이며
우리의 목소리는 곧 그분의 목소리이다.
그러므로
우리는 시편에 귀를 기울이면서
그 안에서 그리스도의 목소리를
들어야 한다.

- 성 어거스틴

차례

예수님의 어머니 마리아

"은혜를 받은 자여 평안할지어다
주께서 너와 함께 하시도다"

_ 누가복음 1장 28절

성경에 위대한 여성이 많이 등장한다.
그중 한 사람이 예수님의 어머니다.
천사는 마리아에게 '은혜를 받은 자'라고 했다.
그 말을 들은 마리아는 자신은 그런 인사를 받을 만한 사람이 아니라고 한다.
마리아는 나사렛, 갈릴리의 이름 없는 마을 출신의 평범한 여인이었으나
남다른 은혜를 받았다.

은혜란 아무 자격 없는 자에게 베푸시는 하나님의 특별한 사랑이다.
마리아는 자신이 메시아를 잉태할 것이라는 소식에
놀랐지만 곧 순종했다.
마리아는 순종함으로 하나님의 큰 은혜를 입었다.

아이를 잉태한 모든 엄마에게
주님이 함께하신다는 확신이 있기를.
모두가 은혜 받은 자라는 사실을 기억하기를.

PART

1

찬 양 은
사랑이에요

창조의 신비

01

복이 되게 하소서

시편 1편 1~2절
복 있는 사람은 악인들의 꾀를 따르지 아니하며 죄인들의 길에 서지 아니하며
오만한 자들의 자리에 앉지 아니하고 오직 여호와의 율법을 즐거워하여
그의 율법을 주야로 묵상하는도다

시편 1편은 어떤 사람이 "복 있는 사람"인지를 말씀한다. "복 있는 사람"은 범사가 잘 되기 때문에 행복하다. 하나님은 우리가 복의 근원이 되도록 하셨다.

성경은 복 있는 사람을 말할 때 아브라함을 예로 든다. 그 이유가 무엇일까? 하나님께서 아브라함에게 "내가 너로 큰 민족을 이루고 네게 복을 주어 네 이름을 창대하게 하리니 너는 복이 될지라 너를 축복하는 자에게는 내가 복을 내리고 너를 저주하는 자에게는 내가 저주하리니 땅의 모든 족속이 너로 말미암아 복을 얻을 것이라"(창 12:2-3)라고 복을 약속하셨기 때문이다.

우리가 복 있는 사람이 되기 위해서 하지 말아야 할 것 세 가지가 있다.

첫째, 악인들의 꾀를 따르지 않아야 한다.

둘째, 죄인들의 길에 서지 않아야 한다.

셋째, 오만한 자들의 자리에 앉지 않아야 한다.

위 세 가지를 지켜야 하는 이유가 있다. 오만한 자들은 하나님을 경외하지 않으며, 하나님께서 주신 은사와 지혜를 귀하게 여기지 않고, 자기의 욕심을 따라서 살기 때문이다. 또한 습관적으로 죄를 따르다가 스스로 멸망의 자리로 들어가기 때문이다. 그러나 복 있는 사람은 그렇지 않다.

복 있는 사람은 악인의 꾀를 따르기보다는 하나님의 지혜를 구한다. 죄인의 길에 서지 않고, 오만한 자의 자리에 앉지도 않으며, 겸손하게 하나님을 높이며 다른 사람들을 존경하면서 살아간다. 그 이유는 하나님의 말씀 중심으로 살아가기 때문이다.

하나님의 말씀에는 능력과 기쁨, 지혜가 있기 때문에 복 있는 사람은 그 안에서 생명력을 얻는다. 주님과 깊은 교제를 하면서 사는 사람들은 시냇가에 심은 나무처럼 풍성한 열매를 맺는다. 시냇가에 심긴 나무는 오랜 시간 비가 오지 않는 환경에서도 언제나 수분을 공급받기 때문에 잎사귀가 마르지 않고 늘 푸르러서 많은 열매를 맺는 것이다.

그와 같은 원리로 복 있는 사람은 겉보기에는 세상 사람과 다름없이 보이지만 그 생각과 삶의 철학과 신앙의 뿌리가 예수님께 뻗어 있어서 날마다 말씀을 통해 에너지를 공급 받는다. 따라서 영혼이 잘 되며, 범사가 잘 되는 생명을 얻어 풍성한 삶을 살게 되는 것이다. 그 복은 예수님께로부터 나온다.

태아가 엄마와 연결된 것처럼, 엄마는 하나님과 연결되어 시냇가에 심긴 나무처럼 태아가 하나님과 연결된 복덩어리가 되도록 해야 한다. 우리에게 복으로 찾아오신 하나님을 의지하고 살아가면 하나님께서 우리에게 하늘의 복과 땅의 복을 주실 것이다.

찬송하리로다 하나님 곧 우리 주 예수 그리스도의 아버지께서 그리스도 안에서 하늘에 속한 모든 신령한 복을 우리에게 주시되 (엡 1:3)

엄마가 들려주는 태담

천사같이 아름다운 아가야!

엄마, 아빠는 우리 아가 덕분에 행복하단다. 오늘도 좋은 햇볕을 쬐면서 즐겁게 시작하자.

엄마는 우리 아가를 위해서 기도할 거야.

"하나님! 우리 아가를 복되게 해주세요. 지혜 있게 해주세요. 얼굴도, 마음도 예쁘게 해주세요. 키도 크게 해주세요." 이렇게 말이야.

엄마의 기도가 들리지? 우리 오늘도 감사하면서 하루를 시작하자.

성경에는 하나님의 뜻이 분명히 기록되어 있단다.

"범사에 감사하라 이것이 그리스도 예수 안에서 너희를 향하신 하나님의 뜻이니라" 살전 5:18

이것이 엄마가 너에게 들려주고 싶은 좋은 소식이야.

잘 알았지? 나의 사랑스런 아가야.

엄마의 기도

사랑과 은혜가 풍성하신 하나님 아버지!

아이를 품고서 주님 앞에 예배하게 하시니 감사합니다. 이 시간 우리 마음에 회개의 영을 부어주셔서 죄악으로 더럽혀진 심령을 깨끗하게 씻어주시고 정결한 마음이 되게 하여주옵소서. 저희 부부는 주님이 주신 선물을 받고 감격하면서 기도하오니 우리의 심령에 풍성한 은혜를 허락하여 주옵소서.

사랑의 하나님 아버지!

제 몸 안에 또 다른 생명을 잉태하고 있습니다. 저의 자궁, 그 깊은 곳에 주님 손으로 생명을 빚으셔서 사랑스러운 아기를 두셨음에 감사드립니다.

'나의 아기'라는 말은 우리 부부에게 실체를 알려주는 단어입니다. 이 단순한 두 마디에 사랑과 기쁨이 밀려옵니다. 그리고 어쩔 수 없는 두려움 또한 저를 감쌉니다. 저에게 주신 태아는 제 살로 만들어진 몸이기에 친밀하지만, 사실 한 번도 본 적이 없어 무척 낯설기도 합니다. 이 생명이 세상으로 나오면 저는 '엄마'가 되겠지요. 다가올 제 삶이 얼마나 기쁠지 저는 아직 잘 모르지만 조금씩 느끼고 있습니다.

이 시간 저희에게 오셔서 태아에게 복을 주세요. 사랑이 많으신 예수님 이름으로 감사 기도합니다. 아멘.

약속의 확신

하나님이 그들에게 복을 주시며 하나님이 그들에게 이르시되 생육하고 번성하여 땅에 충만하라, 땅을 정복하라 _창 1:28a

02

기쁨이 되게 하소서

시편 5편 2~3절
나의 왕, 나의 하나님이여 내가 부르짖는 소리를 들으소서
내가 주께 기도하나이다 여호와여 아침에 주께서 나의 소리를 들으시리니
아침에 내가 주께 기도하고 바라리이다

다윗, 솔로몬, 고라의 자손, 아삽이 시편의 저자로 등장하는데 대부분의 시편은 다윗의 시다. 다윗의 시를 읽다 보면 자신의 신앙생활을 아주 선명하게 볼 수 있는데, 다윗은 하나님과의 깊은 교제에 초점을 맞추고 기도한다. 그 이유가 무엇일까? 모든 상황은 변하지만 말씀은 변하지 않기 때문이다. 우리를 둘러싼 세계는 언제나 변하지만 하나님의 말씀은 변하지 않는다.

영국의 찰스 스펄전 목사는 "당신이 주님을 찾지 않으면 사탄이 당신을 찾는다"라고 말했다. 사탄의 공격을 당할 때까지 기다려서는 안 된다. 우리 영혼의 대적 사탄을 피하기 위해서는 우리가 먼저 주님을 찾아야 한다(벧전 5:8).

다윗은 이 원리를 깨닫고 주님의 인도와 보호를 간구하며 이른 아침에 주님께 나아갔다. 하루를 새로이 시작할 때마다 주님이 절대적으로 필요하다는 사실을 알았기 때문이다.

말씀을 의지하면 우리에게 다음과 같은 3가지 기쁨이 찾아온다.

1. 기도의 응답이 찾아온다.

찰스 스펄전은 "기도는 그날의 생활을 여는 열쇠이고, 그날의 생활을 닫는 자물쇠"라고 말했다. 우리의 삶을 열고 닫을 때 필요한 것은 기도다. 다윗도 "여호와여 아침에 주께서 나의 소리를 들으시리니 아침에 내가 주께 기도하고 바라리이다"라고 기도했다(시 5:3). 여기서 '기도하다'라는 동사는 레위기 1장 7절의 말씀과 공통점이 있다. 구약 시대의 제사장들은 제단 위에 나무를 올려놓고 나무에 불이 붙기를 기다렸다. 이 시간을 묘사할 때 '기도'라는 단어가 쓰였다. 즉, 기도는 내 기도가 하나님께 응답되기를 기다리는 시간이다.

너는 내게 부르짖으라 내가 네게 응답하겠고 네가 알지 못하는 크고 비밀한 일을 네게 보이리라(렘 33:3)

2. 풍성함의 기쁨이 찾아온다.

다윗은 하나님이 무엇을 기뻐하시는지 알았다. 비록 자신의 삶이 평탄하지는 않았지만 어려움 속에서도 기도를 놓지 않았다. 주님의 약속을 믿고 기도하면서 나갈 때 형언할 수 없는 기도의 축복을 받았던 것이다. 셰익스피어는 우리의 마음을 가리켜 '사상의 대장간'이라고 하였다. 이 대장간에서 좋은 생각을 하면 좋은 사람이 되고, 나쁜 생각을 하면 나쁜 사람이 되는 것이다. 태아는 엄마의 배 속에서 성장하기 때문에 엄마의 마음이 언제나 좋은 대장간, 즉 행복을 창조하는 놀이터가 되어야 한다.

3. 영혼의 보살핌을 누리는 기쁨이 찾아온다.

진정한 행복은 예수님을 사랑할 때 나온다. 우리의 영혼 속에서 말로다 할 수 없는 축복의 근원이 예수님께로부터 나온다. 이 시간 우리가 어떤 모습이든 하나님을 찬양하자. 우리 마음속에서 그 무엇과도 비교할 수 없는 기쁨을 소유하게 해달라고 기도하자. 내 눈에 눈물이 고일 때까지 '하나님, 내가 당신을 사랑합니다'라고 고백할 때 내게 강 같은 평화와 샘솟는 기쁨이 넘치기 때문이다.

엄마가 들려주는 태담

사랑하는 나의 아가야!

엄마와 아빠는 시편 말씀을 가지고 우리 아가를 위해서 기도하고 있단다. 옛날에 다윗이라는 왕이 있었는데 얼마나 하나님을 사랑했던지 하나님께서 다윗을 "내 마음에 맞는 사람"이라고 하셨단다. 하나님의 마음에 들 정도로 다윗의 중심이 하나님께 있었던 거야. 우리도 하나님을 마음 중심에 두고서 찬양하고 기도하자. 하나님은 언제나 자신을 의지하는 자에게 복을 주시고 지혜와 총명을 더하신단다.

옛날에 솔로몬이란 사람도 그랬단다. 다윗의 아들 솔로몬은 이스라엘에서 세 번째로 왕이 된 사람이야. 솔로몬이 하나님을 사랑하는 마음으로 매 순간 예배를 드렸더니 하나님께서 그에게 지혜를 주셨단다.

우리도 하나님께 기도하자.

"하나님! 우리 아가에게 지혜를 주세요. 아멘."

엄마의 기도

생명의 근원이 되시는 하나님!

우리 가정에 귀한 새 생명을 주시고 기쁨을 주시니 감사합니다. 날마다 우리 부부의 마음에 근심이 없게 하시고 늘 말씀과 기도로 선한 생각 속에 주님과 동행하기를 원합니다.

이 시간 태중에 있는 아기를 축복하셔서 모태에서부터 성령이 충만했던 세례 요한같이 기쁨으로 뛰놀게 하옵소서. 주께서 주신 어린 생명이 선하고 건강하게 자랄 수 있게 해주옵소서.

또한 솔로몬에게 주신 지혜를 주시고, 다윗에게 주신 영성을 주시며, 모세에게 주신 리더십을 더하여 주옵소서. 이 혼탁한 세상에 귀하게 쓰임 받는 일꾼이 되게 하여주옵소서.

저희에게 아이를 보내신 것이 주님의 섭리인 줄 아오니 이 어린 생명으로 인하여 온 가정이 기뻐하게 하시고, 늘 가정에 감사가 넘쳐나게 하옵소서.

저를 건강케 하셔서 순산의 기쁨을 누리게 하옵소서. 아이도 저도 스트레스 받지 않고 건강하도록 날마다 지켜주옵소서.

생명의 근원이 되시는 예수님의 이름으로 기도드립니다. 아멘.

약속의 확신

엘리가 대답하여 이르되 평안히 가라 이스라엘의 하나님이 네가 기도하여 구한 것을 허락하시기를 원하노라 하니 이르되 당신의 여종이 당신께 은혜 입기를 원하나이다 하고 가서 먹고 얼굴에 다시는 근심 빛이 없더라 _삼상 1:17-18

03

영광스럽게 찬양하게 하소서

시편 8편 1~2절

여호와 우리 주여 주의 이름이 온 땅에 어찌 그리 아름다운지요 주의 영광이 하늘을 덮었나이다
주의 대적으로 말미암아 어린 아이들과 젖먹이들의 입으로 권능을 세우심이여
이는 원수들과 보복자들을 잠잠하게 하려 하심이니이다

웨스트민스터 요리문답의 첫 번째 질문은 "사람의 제일 되는 목적이 무엇입니까?"이다. 그 대답은 "하나님을 영화롭게 하는 것과 그를 영원토록 즐거워하는 것"이다. 다시 말해서 하나님께서 인간을 창조하신 목적은 하나님의 영광을 위해서라는 것이다. 이러한 모습을 보면서 다윗은 자연의 아름다움을 보고 "여호와 우리 주여 주의 이름이 온 땅에 어찌 그리 아름다운지요 주의 영광을 하늘 위에 두셨나이다"라고 찬양했다.

사람들은 자연을 보고 자연이 주는 장엄함을 찬양한다. 금강산을 보고 온 사람은 '하나님께서 어쩌면 이렇게 멋진 자연을 만드실 수 있을까?'라며 하나님의 솜씨를 찬양한다. 미국 서부 그랜드캐니언에 다녀온 사람들은 그곳의 협곡을 보면서 탄성을 지른다. 이처럼 자연도 하나님 앞에 영광

을 돌릴 수 있다. 그렇지만 최고의 영광은 아니다. 하나님께서는 하나님의 사람을 통해서 영광 받기를 원하시기 때문이다. 그러면 우리가 어떻게 하나님께 영광이 되는 삶을 살 수가 있을까?

1. 하나님을 닮아감을 통해서 영광을 돌려야 한다.

사람은 어떤 존재일까? 우리는 하나님이라는 렌즈를 통해 자신을 바라볼 때에만 인간이 하나님의 형상임을 알 수 있다. 누가복음 15장에서 보듯이 아버지로 인하여 자기 자신이 정말 가치 있는 존재라는 것을 깨닫게 될 때에 사랑하는 자녀가 되는 것이다. 부모가 자녀들이 자신의 좋은 점을 닮기 원하는 것처럼 하나님께서도 우리가 주님 닮기를 원하시는 것이다. 이러한 속성 때문에 하나님께서는 인간을 만드실 때 특별하게 만드셨다. 창세기 1장 26절을 보면 "하나님이 이르시되 우리의 형상을 따라 우리의 모양대로 우리가 사람을 만들고"라고 했다. 인간은 우연히 만들어진 존재가 아니라 하나님의 계획과 하나님의 섭리 가운데 창조된 존재이기 때문에 하나님께 영광이 되어야 한다.

2. 다스림을 통해서 영광을 돌려야 한다.

하나님께서 우리를 창조하시고 난 다음에 우리에게 다스리는 권세를 주셨다. 그 권세는 모든 만물을 다스리라고 주신 것이다. 여기서 다스린다는 의미는 첫째, 소극적인 의미로 지배당하지 않는다는 것이다. 예수님께서 귀신이나 병이나 유혹에 지배당하지 않으시고 명예와 돈에 유혹당하지 않으셨던 것처럼 말이다. 둘째, 적극적인 의미로 다스림이란 세상에 있는 모든 것을 자신의 위치에 있게 만드는 것이다. 다시 말해서 역할을 잘 감당하게 만드는 것, 잘 돌아가게 만드는 것이 다스림이다.

3. 하나님의 형상을 통해서 영광을 돌려야 한다.

하나님의 속성에는 여러 가지가 있다. 의로움, 진실성, 불변성, 도덕성…. 이러한 속성 가운데 가장 강력하게 나타나는 것은 사회성이다. 예수님은 우리에게 '너희는 세상의 빛이 되어라, 너희는 세상의 소금이 되어라'고 말씀하지 않으시고 '너희는 빛이다, 소금이다'라고 말씀하셨다(마 5:13-14). 사회적 관계 속에서 역할을 감당하라는 뜻이다. 아기를 가진 부모의 역할은 태아가 하나님의 이름을 드러내는 사랑스러운 자녀가 되기를 바라며 구하는 것이다. 우리는 그 특권이 태아에게 드러나기를 축복해주어야 한다.

엄마가 들려주는 태담

어여쁜 나의 아가야!

하늘을 한 번 보렴. 얼마나 아름다운 작품이니? 하늘은 맑을 때나 구름이 드리울 때나 장엄하단다. 언제 보아도 감탄하게 되는 이 하늘이 하나님께서 만드신 것이란다.

밤에는 달과 별들을, 낮에는 따뜻하고 밝은 날들을 보면서, 하나님의 따스한 손길과 엄마의 기분 좋은 손길을 느껴보렴. 하나님은 우리에게 찬양할 수 있는 언어를 주셨단다. 감사, 아름다움, 기쁨이 찬양의 언어야. 우리 아가는 이 단어를 처음 듣지? 이 단어를 기억해서 언제나 하나님을 찬양하는 입술이 되자.

사랑하는 나의 아가야! 너를 지으시고 보호하시며 축복하신 하나님을 찬양하자. 오늘도 엄마와 함께 하루를 기쁘게 살자.

"주의 손가락으로 만드신 주의 하늘과 주께서 베풀어 두신 달과 별들을" 보자(시 8:3).

엄마의 기도

생명의 주인이신 하나님!

저희 가정에 태의 문을 여시고 태의 열매를 상급으로 주시니 감사를 드립니다. 이 시간, 제가 엄마가 된다는 사실로 인하여 감격과 기쁨이 넘칩니다. 이 기쁨과 감격이 우리 부부에게 최고의 기쁨이요, 축복입니다.

저희에게 주신 믿음의 상급이 모태에 있을 때부터 성령 충만한 아기로 자라나며, 주님과 동행하는 아이가 되게 하여주옵소서. 또한 세포 하나하나를 주님께서 섬세하게 만지셔서 두뇌가 탁월한 아기로 성장하여 이 시대에 참 일꾼 되게 하시고, 평생에 주님만 바라보고 사는 아이가 되게 하여주옵소서.

주님의 음성을 구별할 줄 아는 귀를 주시고, 찬양으로 주님께 영광 돌릴 수 있도록 음악의 은사도 주옵소서. 그리고 튼튼한 위장과 심장을 허락하시어 그의 평생에 위장병과 심장병으로 고통당하는 일 없게 하옵소서.

사랑의 주님!

저는 임신 기간과 출산에 대한 기쁨도 있지만 두려움 또한 있습니다. 하나님께서 두려움을 없애주시고 자신감을 주옵소서. 이제 새 생명을 통하여 하나님께 영광을 올려드릴 수 있도록 보살펴주옵소서. 우리를 구원하신 예수님의 이름으로 기도드립니다. 아멘.

약속의 확신

대저 하나님의 모든 말씀은 능하지 못하심이 없느니라 마리아가 이르되 주의 여종이오니 말씀대로 내게 이루어지이다 하매 천사가 떠나가니라 _눅 1:37-38

04
하나님을 잘 섬기게 하소서

시편 16편 1~3절

하나님이여 나를 지켜 주소서 내가 주께 피하나이다 내가 여호와께 아뢰되
주는 나의 주님이시오니 주 밖에는 나의 복이 없다 하였나이다
땅에 있는 성도들은 존귀한 자들이니 나의 모든 즐거움이 그들에게 있도다

봄철이나 이른 여름철에 시골길을 걷노라면 밭고랑마다 무엇인가 심겨 있는 것을 볼 수 있다. 싹이 나고 잎이 핀 모습을 들여다보면 가지런히 줄이 맞춰져 있다. 농부가 가지런한 모양으로 농작물을 심을 수 있었던 것은 줄을 대고 그 줄에 맞추어서 농작물을 심었기 때문일 것이다.

마찬가지로 누군가에게 옳은 방향을 가르치고 인도하려면 기준이 되는 줄이 필요하다. 가정에서든 직장에서든 교회에서든 우리는 누군가의 인도를 받아야 한다. 그 모든 줄을 인도하시는 분이 그리스도시다. 시편 기자는 이것을 알고 "내가 여호와를 항상 내 앞에 모심이여 그가 나의 오른쪽에 계시므로 내가 흔들리지 아니하리로다"라고 말했다(시 16:8).

우리가 하나님을 모실 때에 주님이 우리를 인도하시는 한 우리가 옳지

않은 길로 갈 수가 없다. 그래서 야고보 사도는 "하나님을 가까이하라 그리하면 너희를 가까이하시리라 죄인들아 손을 깨끗이 하라 두 마음을 품은 자들아 마음을 성결하게 하라"(약 4:8)고 하였다. 하나님은 언제나 내가 가까이할 때만 역사하신다. 이러한 사실을 알았기에 다윗은 하나님을 극진히 사랑했던 것이다. 그 사랑이 하나님께 위대하게 쓰임 받은 비결이었다. 다윗의 인생길을 보면 실수도 있었지만 바르게 고쳐감으로 목동에서 왕이 되었고 남북통일 왕국이라는 과업을 이룬 믿음의 사람이 되었다. 다윗이 하나님을 가까이했던 비결은 세 가지다.

1. 언제나 마음 중심에 하나님이 계셨다.

다윗의 마음에 하나님이 함께하시기 때문에 그는 하나님 마음에 합한 사람이 되었다. 마음의 중심에 하나님이 계시기 때문에 주님 안에서 행복을 누리는 자가 되었다. 행복이 주님 안에 있기 때문이다.

2. 날마다 하나님의 음성을 듣고 살았다.

하나님을 가까이하는 자는 하나님의 음성을 들을 수 있다. 심장이 뛰는 것을 의식하듯 하나님의 음성을 들어야 한다. 왜 하나님의 음성이 소중한가? 그것은 인간의 계획보다 하나님의 음성 한마디에 살리는 능력이 있기 때문이다. 말씀을 붙들고 기도할 때 우리는 하나님의 음성을 들을 수 있다.

3. 하나님을 내 중심에 모셔 들였다.

그리스도인 가운데 인간이나 물질의 인도를 받아 사는 사람들이 있다. 그런 것들은 길을 잃게 만든다. 즉, 무엇을 내 삶의 주인으로 삼느냐에 따라서 가는 길이 달라진다.

우리에게 가장 좋은 길은 예수님이다. 예수님이 이 땅에서 가장 좋은 인도자라는 것을 기억하자. 세상을 이기는 힘은 하나님을 가까이할 때, 예수님을 따를 때 얻을 수 있다. 엄마와 태아가 하나님의 음성을 들음으로써 주님과 대화하는 기쁜 날들이 이어지기를 바란다.

엄마가 들려주는 태담

사랑스러운 아가야!

하나님께서 우리 아가가 기도할 수 있도록 인도하시니 감사하지? 우리는 하나님의 것이기 때문에 늘 기도해야 한단다. 우리의 복은 만물을 창조하신 하나님께로부터 온단다. 그래서 우리는 하나님께 이렇게 기도해야 해.

"하나님! 성령 충만하게 해주세요. 지혜를 주세요. 건강하게 해주세요. 찬송의 힘도 주세요."

네가 하나님과 사람들에게 사랑 받는 비결은 간단하단다. 하나님을 사랑하면 돼.

하나님께서 우리를 뭐라고 축복하시는지 볼까?

"주께서 생명의 길을 내게 보이시리니 주의 앞에는 충만한 기쁨이 있고 주의 오른쪽에는 영원한 즐거움이 있나이다" 시 16:11

아멘.

너무 기쁜 소식이지?

이 말씀을 잘 기억하렴.

사랑스런 우리 아가. 엄마는 너로 인해 행복해!

엄마의 기도

사랑의 주님!

귀한 생명을 잉태케 하시니 감사드립니다. 신비로운 하나님의 섭리에 따라 이 세상에 보냄을 받은 귀한 생명을 배 속에서 잘 키워, 하나님께서 기뻐하시는 자녀로 태어나도록 도와주옵소서. 하나님께서 저희 가정에 주신 아이를 감사와 사랑으로 기를 수 있도록 도우시고, 태아 역시 복된 자녀로 클 수 있도록 도와주옵소서. 혹시나 어려운 순간이 있을 때에도 '내가 너를 떠나지 아니하며 버리지 아니하리니 마음을 강하게 하라 담대히 하라 네가 어디로 가든지 네 하나님 여호와께서 너와 함께 하리라 하시니라'는 여호수아 말씀 붙들고 믿음으로 승리하는 엄마와 태아가 되게 하시옵소서.

이 아이가 자라날 때에 늘 곁에서 기도로 양육할 수 있도록 저에게 기도의 영을 부어주시고, 하나님께서 계획하신 그 목적을 이룰 수 있도록 지혜와 깨달음의 복도 내려주옵소서.

사랑의 주님!

이 아기에게 건강을 주셔서 무럭무럭 자라게 하시고, 예수님을 닮은 성품을 부모로부터 물려받게 하시고, 하나님께서 기대하신 인물로 자라기에 부족함이 없도록 하여주옵소서. 사랑이 많으신 예수님의 이름으로 기도합니다. 아멘.

약속의 확신

그의 사랑하는 자를 의지하고 거친 들에서 올라오는 여자가 누구인가 너로 말미암아 네 어머니가 고생한 곳 너를 낳은 자가 애쓴 그 곳 사과나무 아래에서 내가 너를 깨웠노라 _아 8:5

05

멋진 신앙인이 되게 하소서

시편 18편 1~2절

나의 힘이신 여호와여 내가 주를 사랑하나이다

여호와는 나의 반석이시요 나의 요새시요 나를 건지시는 이시요 나의 하나님이시요

내가 그 안에 피할 나의 바위시요 나의 방패시요 나의 구원의 뿔이시요 나의 산성이시로다

사람의 삶에도 걸작이 있고 졸작이 있다. 비참한 인생을 사는 사람이 있는가 하면 걸작품이 되어 시대와 공간을 초월하는 사람도 있다. 브라인언 트레이시(Brian Tracy)는《숨은 잠재력 개발을 통한 성공 지침서》라는 책에서 "인간의 삶도 훌륭한 예술 작품이다"라고 말했다. 트레이시는 훌륭한 예술 작품이 되는 성공 기준을 7가지로 제시했다. 마음의 평화, 건강과 활력, 사랑, 경제적인 자유, 가치 있는 목표와 이상, 자기 인식, 개인적인 성취감 등이 해당한다.

성경에 나오는 인물 중에서 이와 같은 조건을 갖추고 걸작품으로 살아간 사람이 다윗이다. 성경에 등장하는 3만 명의 인물 가운데 유일하게 "내 마음에 맞는 사람"(행 13:22)이라고 칭찬받은 사람은 다윗뿐이다. 그는 건

강한 에너지가 많은 사람이었다. 그래서 어린 나이에 2미터 69센티미터나 되는 거인 골리앗 장군을 물맷돌로 쓰러뜨릴 수 있었던 것이다. 그는 전쟁터에 나가 기습을 당해 한 번 도망간 것을 제외하고는 백전백승의 용장이었다. 또한 정치가로서도 탁월해서 유다지파의 왕이 되어 11지파를 복속시켜 통일왕국을 이룬 사람이다.

그뿐만 아니라 그에게는 천재적인 음악 재능이 있었다. 그가 하프를 연주할 때면 듣는 사람들의 마음이 치유될 정도였다. 그는 문학에도 재능이 있어 100여 편의 시편을 썼다.

이처럼 한 시대 걸작품으로 인생을 산 다윗은 언제나 하나님에 대한 사랑의 고백이 확실했다. 하나님을 '나의 힘이시요, 나의 반석이시요, 요새시요, 건져주는 자시요, 나의 하나님, 나의 피할 바위, 나의 방패, 나의 구원의 뿔, 나의 산성이시다'라고 고백했다.

하나님은 우리에게도 말할 수 없는 은사를 선물로 주셨다. 지위도 주셨고, 건강도 주셨고, 행복도 주셨다. 없다고 생각하면 없는 듯 보이지만 있다고 생각하면 얼마나 많은지 모른다. 그중 하나가 태아를 선물로 주신 것이다. 이것들을 다 하나님의 영광을 위해서 연결시키면 우리 인생은 걸작품이 된다.

그런데 하나님께로부터 받은 것을 자신의 정욕을 위해 쓰면 결국 삼손과 같은 졸작이 되고 만다. 하나님께 쓰임 받는 인물이 되려면 문제를 만났을 때 하나님께 기도할 수 있어야 한다. 하나님은 자녀가 기도할 때 응답해주시고, 기도로 장애물을 뛰어 넘게 만드셨다. 그래서 다윗은 이렇게 찬양한다.

나를 넓은 곳으로 인도하시고 나를 기뻐하시므로 나를 구원하셨도다 여호와께서 그 왕에게 큰 구원을 주시며 기름 부음 받은 자에게 인자를 베푸심이여 영원토록 다윗과 그 후손에게로다 (시 18:19, 50)

누구든지 하나님께 붙어 있으면 걸작품이 된다. 다윗처럼 말이다.

엄마가 들려주는 태담

멋진 아가야!

우리 이 시간 다윗처럼 믿음의 세계로 가볼까? 너에게 긍정적인 이야기를 들려주고 싶어.

영국의 심리학자 가운데 하드필드라는 박사가 한 말이 있어. 엄마는 이 말을 듣고 너무 좋았단다. 너도 들어보면 고개를 끄덕일 거야. 사람이 말을 할 때 "너는 틀렸어. 이젠 끝났어!"라고 말하면 자기 능력을 30%도 발휘하지 못한대. 그 반대로 "넌 할 수 있어! 넌 특별한 사람이야! 저 사람은 하는데 왜 네가 못해!"라고 말하면 자기 능력을 무려 500%까지 발휘할 수 있대. 그래서 엄마, 아빠는 너에게 이런 말을 하고 싶단다.

"우리 아가는 할 수 있어! 넌 특별해! 너는 하나님의 복을 넘치게 받는 사람이야."

하나님은 우리 아가에게 이렇게 말씀하신단다.

"하나님의 도는 완전하고 여호와의 말씀은 순수하니 그는 자기에게 피하는 모든 자의 방패시로다" 시 18:30

좋은 말씀이지? 우리 아가에게 주시는 하나님의 말씀이야. 나는 네가 엄마 배 속에 있다는 것이 행복하단다.

사랑한다. 아가야!

엄마의 기도

우리의 생명을 주장하시는 아버지 하나님!

우리 부부에게 이렇게 귀한 생명을 허락해주시니 감사드립니다. 이 땅의 모든 생명은 주님께로부터 왔고, 주님의 것임을 고백합니다. 태아에게 새 생명을 주셨사오니 제 배 속에서 건강하게 자라게 하옵소서.

무엇보다도 저에게 믿음 주셔서 태중에 있는 아기를 말씀으로 양육하게 하시고, 늘 기도와 찬양을 통해 아기가 태에서부터 주님을 만나고 찬양할 수 있도록 도와주옵소서.

또한 저의 마음에 늘 기쁘고 감사한 마음을 허락해주셔서 아기도 기쁘고 감사한 마음을 가질 수 있도록 인도하여 주옵소서. 열 달이라는 긴 시간, 하나님께서 돌봐주시어 건강도, 마음도, 생각도 지켜주옵소서. 앞으로 계속 건강을 지켜주시기를 간절히 바라오며, 능력이 많으신 예수님의 이름으로 기도드립니다. 아멘.

약속의 확신

나의 자녀들아 너희 속에 그리스도의 형상을 이루기까지 다시 너희를 위하여 해산하는 수고를 하노니 _갈 4:19

요한의 어머니 엘리사벳

"천사가 그에게 이르되 사가랴여 무서워하지 말라
너의 간구함이 들린지라
네 아내 엘리사벳이 네게 아들을 낳아주리니
그 이름을 요한이라 하라"

_ 누가복음 1장 13절

아이를 낳을 수 없는 나이였던 사가랴와 엘리사벳 부부에게
천사 가브리엘이 찾아와 말한다.
"두려워하지 말라. 너의 간구함이 들린지라"
얼마 후 아들을 낳을 것인데, 이름을 요한이라고 하라는 출생 예고였다.
끝까지 기도한 이들에게 태의 문이 열린 것은 하나님의 축복이다.
태의 문이 열렸으니, 이제 배 속의 아이에게
하나님의 말씀과 부모의 기도를 들려줄 차례다.

태아는 배 속에 있는 동안
부모의 기도, 찬양, 태담을 듣고 뛰어놀 것이다.

요한이 엘리사벳의 배 속에서
마리아가 문안하는 소리를 듣고
뛰어 놀았던 것처럼.

PART 2

주 신
선 물 이
아름다워요

크나큰 기대

06

마음의 눈을 밝히소서

시편 19편 7~8절
여호와의 율법은 완전하여 영혼을 소성시키며
여호와의 증거는 확실하여 우둔한 자를 지혜롭게 하며
여호와의 교훈은 정직하여 마음을 기쁘게 하고
여호와의 계명은 순결하여 눈을 밝게 하시도다

우리가 예수를 믿고서 힘써야 할 일들이 많이 있다. 무엇보다 하나님 아버지와 그의 아들 예수 그리스도와 성령에 대해서 더 많은 것을 알도록 힘써야 한다. 삼위일체 하나님을 알아야 하나님이 이루시는 구원의 역사를 깨달을 수 있기 때문이다. 하나님을 아는 일은 세상에서 얻을 수 없다. 영적인 세계를 통해서만 알 수 있다.

하나님은 우리에게 영적인 세계를 알려주시기 위해 성령을 보내주셨다. 사도신경의 "성령을 믿사오며"라는 구절은 성령을 통해서 삼위일체 하나님을 알게 하기 위함이다.

구원받은 우리는 성령을 통해 하나님 아버지를 알아가며 마음의 눈이 밝아진다. 영안이 밝아질 때에 우리의 삶이 변하기 때문에 눈이 밝아지는 것은 그리스도인에게 매우 중요하다.

엠마오로 가는 제자들이 노상에서 예수님을 만나자 마음이 뜨거워지고 눈이 밝아져서 예수님을 알아보았다. 이때 그들의 눈이 밝아진 것은 다름 아닌 성경 말씀을 풀어주실 때였다. 하나님의 말씀이 믿어질 때 우리의 마음이 뜨거워진다(눅 24:32).

눈이 밝아지면 첫째는 하나님의 부르심의 소망이 무엇인지를 알게 되고, 둘째는 성도들이 받을 유산이 얼마나 풍성하고 영광스러운지를 알게 되고, 끝으로 하나님의 역사의 능력이 얼마나 큰지를 알게 된다.

예수님은 항상 사람들이 보지 못하는 세계를 보여주셨다. 잃어버린 한 마리의 양, 작은 겨자씨, 보잘것없는 이들 속에서 항상 무한한 가능성을 보고 그것의 중요성을 비유로 가르치셨다. 욕심을 품고 예수님을 따라 다니던 제자들은 처음에는 주님이 보여주시려는 세계를 보지 못했다. 그러나 성령이 그들에게 임하자 믿음의 세계를 보게 되었다.

어느 날 스펄전 목사가 시골길을 걷게 되었는데 한 농부가 헛간의 지붕 위에 풍향계를 달아놓았다. 거기에 '하나님은 사랑이시다'라고 쓰여 있다. 스펄전은 왜 하필이면 풍향계 위에 달아놓았는지 궁금해 집주인에게 물었다.

"하나님의 사랑이 날씨처럼 자주 변한다는 것을 말하기 위해서 그랬습니까?"

농부는 미소를 지으며 대답했다.

"정반대지요. 하나님의 사랑은 바람처럼 어느 곳이든 어느 방향에서든 역사하기 때문입니다."

눈이 밝아질 때에 제자들의 영혼이 소생케 되어 그들의 마음이 뜨거워진 것처럼, 하나님의 말씀이 내 안에서 역사할 때에 영광의 하나님께서 태아에게 지혜와 계시의 영을 통해 하나님을 알게 하고, 또 마음의 눈도 밝게 하셔서 주님의 형상이 되게 인도하실 것이다.

엄마가 들려주는 태담

나의 사랑하는 아가야!

오늘은 엄마와 함께 재미있는 하나님의 말씀을 들어보자.

옛날에 다윗이라는 이스라엘의 왕이 있었단다. 다윗 왕은 작은 농촌에서 태어난, 양을 치는 목동이었단다. 양을 치면서 다윗은 물맷돌로 양을 해하는 짐승을 잡는 방법도 배우고, 악기도 배워서 하나님을 찬양했단다. 그런데 어느 날 다윗에게 기쁜 소식이 찾아왔어. 하나님께서 사무엘 선지자를 통해서 다윗의 집에서 왕을 선택하셨는데 하나님께서 형들이 아닌 막내 다윗에게 기름을 부으라고 하신 거야. 사무엘 선지자가 다윗의 머리에 기름을 부을 때에 성령님께서 은혜를 부어주셨단다.

우리도 하나님께서 기름을 부어주시면 귀하게 쓰임 받는 사람이 될 수 있단다. 그래서 다윗은 시편 19편 7-8절에서 "여호와의 율법은 완전하여 영혼을 소성시키며 여호와의 증거는 확실하여 우둔한 자를 지혜롭게 하며 여호와의 교훈은 정직하여 마음을 기쁘게 하고 여호와의 계명은 순결하여 눈을 밝게 하시도다" 이렇게 말했단다.

정말 좋은 말씀이지?

우리 아가도 다윗 왕처럼 지혜 있는 사람이 되었으면 좋겠어. 꼭 그렇게 될 거야. 엄마는 그렇게 믿고 있단다. 그리고 너를 사랑한단다. 너도 느끼고 있지?

엄마의 기도

생명을 창조하시고 주관하시는 하나님 아버지!

자식은 여호와의 주신 기업이요, 태의 열매는 그의 상급이라고 말씀하신 것처럼 우리 가정에 귀한 아이를 주시니 감사를 드립니다.

하나님의 말씀은 영혼을 소성시키며 우둔한 자를 지혜롭게 하고, 여호와의 교훈은 정직하여 마음을 기쁘게 하고, 여호와의 계명은 순결하여 눈을 밝게 한다고 하셨사오니 제 배 속의 아기에게 밝은 눈빛을 주시어 세상을 긍정적으로 볼 수 있게 하시고, 깨끗하고 아름다운 양심을 가진 육체와 마음을 주시어 자기 자신을 잘 다스리는 은혜를 내려주옵소서.

빛 되신 사랑의 주님!

아가의 눈이 언제나 하늘을 바라볼 수 있는 사랑의 눈이 되어서 지금은 비록 아주 조그마한 생명이지만 곧 세상에 태어나서 자라는 동안 언제나 주님만을 바라보며 살게 하여주옵소서.

태중의 아이가 복의 근원이 되게 하시고, 성령님을 의지하는 삶을 사는 거룩하고 복된 아이가 되게 하시어, 예수님같이 하나님과 사람 앞에 사랑 받으며 거룩한 나실인으로 신앙의 계보를 잘 이어가게 하여주옵소서.

우리에게 광명한 빛을 주시는 예수님의 이름으로 기도드립니다. 아멘.

약속의 확신

내 사랑 너는 어여쁘고도 어여쁘다 너울 속에 있는 네 눈이 비둘기 같고 네 머리털은 길르앗 산 기슭에 누운 염소 떼 같구나 네 입술은 홍색 실 같고 네 입은 어여쁘고 너울 속의 네 뺨은 석류 한 쪽 같구나 _아 4:1, 3

07
잔이 넘치게 하소서

시편 23편 1~3절

여호와는 나의 목자시니 내게 부족함이 없으리로다
그가 나를 푸른 풀밭에 누이시며 쉴 만한 물가로 인도하시는도다
내 영혼을 소생시키고 자기 이름을 위하여 의의 길로 인도하시는도다

시편 23편은 모든 기독교인이 좋아하는 말씀이다. 신앙생활을 오래 하지 않은 사람도, 주일학교 학생도 "여호와는 나의 목자"라는 말씀을 알고 있다. 이 말씀은 좋을 때 읽으면 은혜를 주고, 어려울 때 읽으면 용기를 주고, 낙심될 때 읽으면 새 힘을 얻게 된다. 시편 23편은 다윗이 목동으로 일할 때 광야와 골짜기에서 자신이 경험한 말씀을 갖고 기도한 것이다.

다윗은 양들이 목자의 음성을 듣고 따를 때 안전하고 평안하며 풍성해지는 모습을 보면서 하나님과 자신의 관계를 생각했다. 그래서 여호와께서 나의 목자가 되시면 내 잔이 넘친다는 고백으로 하나님을 찬양한 것이다. 다윗의 생애를 보면 항상 이런 고백으로 인해 감사의 잔이 넘쳤다. 다윗은 이새의 여덟 자녀 중 막내아들이다. 왕이 될 수 없는 사람이었는데 하

나님의 은혜로 왕이 됐기에 잔이 넘친다는 고백을 하지 않을 수 없었을 것이다.

많은 사람이 풍요 속에서 빈곤을 느끼며 살아간다. 충분히 가졌음에도 없는 것에 대해 생각하기 쉽다. 그런데 다윗은 자신에게 있는 것을 생각했다. 그러니 가장 먼저 자신에게 구원의 하나님이 함께하심을 느낀 것이다. 다윗처럼 모든 순간 감사가 넘치는 삶을 살려면 어떻게 해야 할까?

1. 풍성한 예수님을 따라가면 된다.

벳세다 광야에서 오천 명이 주님의 말씀을 듣고 있었다. 아침에 모였는데 저녁 시간이 될 때까지 말씀을 들었다. 사람들은 모두 허기져서 쓰러질 것 같았다. 이때 예수님은 제자들에게 너희가 먹을 것을 주라고 말씀하셨다(마 14:13-21, 요 6:1-13). 그때 제자들은 각기 세 가지로 대답했다.

❶ '여기는 빈 들입니다.' 장소 핑계를 댔다.
❷ '날이 저물었습니다.' 시간 핑계를 댔다.
❸ '200데나리온도 부족하겠습니다.' 금전 핑계를 댔다.

그때 안드레가 한 아이가 가져온 음식, 보리떡 다섯 개와 물고기 두 마리를 가지고 왔다. 예수님은 어린아이의 도시락을 가지고 하늘을 우러러 축사하시고 나누어주셨다. 어떤 일이 벌어졌을까? 오천 명이 넘는 군중이 모두 배불리 먹고 열두 광주리가 남았다. 이처럼 누구든지 예수님을 목자로 모시면 부족함이 없다.

2. 영혼을 살리면 된다.

예수님은 영혼이 잘 되게 하시며, 범사가 잘 되게 하시는 분이다. 누구나 영혼이 잘 되려면 하나님과 연결되어 있으면 된다. 캄캄한 밤 집안에 들어와 스위치를 켜면 방 전체가 환해지는 것처럼 예수님이 마음속에 들어오시는 순간 영혼이 소생되어 일상의 모든 일이 잘 되는 것이다. 모든 그리스도인이 주님만 의지하여, 주시는 은혜를 덧입어 잔이 넘치는 삶을 살기를 바란다.

엄마가 들려주는 태담

듣고 있니 아가야?

오늘 우리는 많은 그리스도인이 좋아하는 시편 23편을 읽어보려고 해. 시편 23편은 힘들 때 읽으면 위로가 되고, 좋을 때 읽으면 신이 나고, 낙심할 때 읽으면 힘이 솟고, 잠잘 때 읽으면 마음이 편안해지는 시란다. 너무 멋있는 시지.

사랑하는 아가야, 우리 주변에는 어려운 이웃이 참 많단다. 누군가 어려운 일이 있을 때, 또는 낙심하고 있을 때 다윗과 같이 위로의 말을 해줄 수 있으면 좋겠어. 따뜻한 말 한마디는 상대방의 마음을 완전히 바꾸어 놓기도 하거든.

예쁜 아가야!

이 시간 우리가 필요한 것들을 하나님께 구하자. 그리고 이렇게 찬양하자. "주는 나를 기르시는 목자요 나는 주님의 귀한 어린양 푸른 풀밭 맑은 시냇물가로 나를 늘 인도하여 주시네. 주는 나의 좋은 목자 나는 그의 어린양 철을 따라 꼴을 먹여주시니 내게 부족함 전혀 없어라."

엄마는 네가 언제나 좋으신 하나님을 찬양하는 자녀가 되기를 바란다.

엄마의 기도

생명을 창조하시고 주관하시는 하나님 아버지!

"여호와는 나의 목자시니 내게 부족함이 없으리로다." 이렇게 찬양하게 하시니 감사합니다. 이 시간 아기와 함께 기도합니다. 우리 아기가 언제나 자신의 능력과 처지를 바로 알게 하시고 올바른 사람이 되어서 자기 안에 부족한 부분들을 신앙 안에서 채워 자기 역할을 잘 감당할 수 있도록 붙잡아 주옵소서.

저희 부부가 아가를 위한 태교의 기도를 할 때마다 아가에게 필요한 기도를 하게 하시고 아가는 이 기도를 통해서 지혜와 명철이 충만하게 하여주옵소서. 그 기도로 인하여 아기가 하나님 아버지의 법을 떠나지 아니하고 그 말씀을 항상 마음에 새기면서 자라게 하여주옵소서. 간절히 바라기는 이 시간 하나님께서 우리 아기에게 어리석음이 없게 하시고, 게으르지도 않게 하시고, 지혜가 있도록 축복하여 주옵소서.

생명의 근원 되시는 예수님의 이름으로 기도 드립니다. 아멘.

약속의 확신

예수 그리스도는 어제나 오늘이나 영원토록 동일하시니라 _히 13:8

08
두려움을 이기게 하소서

시편 27편 5~6절

여호와께서 환난 날에 나를 그의 초막 속에 비밀히 지키시고 그의 장막 은밀한 곳에 나를 숨기시며
높은 바위 위에 두시리로다 이제 내 머리가 나를 둘러싼 내 원수 위에 들리리니
내가 그의 장막에서 즐거운 제사를 드리겠고 노래하며 여호와를 찬송하리로다

　　심리학자들은 사람에 따라 일반적으로 약 75가지나 되는 공포증을 갖
고 두려움에 떨며 살아간다고 한다. 성공 이론가 나폴레옹 힐(Napoleon
Hill)은 "두려움은 모든 논리를 무력하게 만들고 모든 상상을 파괴하며, 자
신감을 꺾어버리고 무엇인가 하고자 하는 열성과 의욕을 없애버리는 힘을
지니고 있다. 그리고 사람들은 두려움으로 나태와 비참한 상태에 빠지게
된다"라고 말하였다.

　　두려움을 이기는 방법은 하나님의 말씀을 믿고 의지하는 것이다. 우리
가 두려움을 이기기 위해서 해야 할 일은 하나님 말씀을 묵상하고, 그 말씀
대로 살아가는 것이다. 그럴 때 평안이 찾아오기 때문이다.

　　다윗도 어떤 일들을 만날 때에 두려움이 많았다. 그때마다 그는 "여호

와는 나의 빛이요 나의 구원이시니 내가 누구를 두려워하리요"라고 되새겼다(시 27:1). 다윗이 두려울 때마다 '하나님은 나의 빛'이라고 고백한 것처럼 두려움이 찾아올 때마다 '하나님이 나의 구원'이라고 고백해보자.

성 프란시스가 하루는 자기 집 하인이 우물에서 물을 길어오는 모습을 지켜보고 있었다. 하인은 밭을 지나서 모퉁이에 있는 우물에 가서 물을 길어왔는데 물을 길을 때마다 한 가지 이상한 행동을 했다. 그는 우물에 큰 물통을 내려 물을 가득 담은 후 끌어올릴 때면 항상 조그마한 나무토막 하나를 그 물통 안에 던져 넣는 것이었다. "왜 물을 길어올릴 때마다 물통 속에 나무토막을 집어넣어 끌어올리느냐?" 프란시스는 참 신기하다 싶어 하인에게 그 이유를 물어보았다. 그러자 하인이 이렇게 대답했다. "물을 퍼올릴 때 나무토막을 물통 안에 넣으면 물이 요동치 않아 물이 밖으로 흘러넘치는 것을 막을 수 있어요. 그래서 많은 물을 길어 올릴 수 있지요. 나무토막을 넣지 않으면 물이 제 마음대로 출렁거려서 나중에 보면 반 통밖에 안 될 때가 많거든요."

하인의 설명을 들은 프란시스는 크게 깨달은 바가 있어서 자기 친구에게 이런 내용의 편지를 썼다고 한다.

"우리는 얼마나 자주 흔들리는 마음의 물통을 가지고 있는가? 두려움으로 흔들리는 마음, 고통으로 심하게 요동하는 마음, 절망으로 부서지는 마음, 이것은 마치 심하게 흔들리고 출렁거리는 물통과 같은 것이지. 그러나 거기에 십자가라는 막대기를 던져보게."

마음이 공포로 짓눌리고 요동할 때 십자가를 붙들면 두려움을 물리칠 수 있다. 하나님 말씀은 오늘도 살아서 역사하신다. 하늘이 무너지고 이 땅이 꺼져도 일점일획도 변화가 없다. 다윗은 두려움이 찾아올 때 3가지로 믿음을 고백했다.

첫째, 하나님은 나의 빛이다. 둘째, 하나님은 나의 구원이다. 셋째, 하나님은 내 생명의 능력이다. 이런 다윗의 고백이 우리의 고백이 되어야겠다.

튼튼한 아가야!

오늘은 담대한 믿음을 달라고 기도하자. 사람은 누구나 낯선 일을 만나면 두려워한단다. 엄마도 갑자기 어떤 일을 만나면 두렵고 무서워. 다윗 왕도 그랬단다. 그런데 다윗 왕은 "여호와는 나의 빛이요 나의 구원이시니 내가 누구를 두려워하리요. 여호와는 내 생명의 능력이시니 내가 누구를 무서워하리요." 이렇게 외치면서 두려움을 이겼단다.

하나님이 함께하시기 때문에 아무것도 무섭지 않았던 거야. 정말 믿음이 좋은 사람이지. 이 세상에는 무서운 것들이 너무 많단다. 그래서 우리는 하나님께 계속 기도해야 돼.

"하나님! 우리 사랑스러운 아가에게 두려움을 이길 수 있는 믿음을 주세요." 이렇게 말이야.

하나님은 우리의 구원이시므로 어떤 일을 만나도 승리할 수 있단다.

사랑한다. 아가야!

엄마의 기도

모든 생명의 주인 되시는 전능하신 하나님 아버지!

저희에게 은혜 주심을 감사드립니다. 주님의 축복과 사랑으로 우리 가정에 귀한 생명을 주셨사오니 그 귀한 생명을 건강하게 지켜주옵소서.

생명을 잉태한 우리 부부에게 복을 주셔서 그 생명을 키워가는 데 부족함 없게 하시고, 주님의 말씀을 늘 사모하여 선한 뜻을 품어 좋은 성품을 가진 아이가 태어나게 해주옵소서.

우리가 하나님께서 맡겨주시는 아이를 맞이할 준비를 갖추게 하셔서 예수 그리스도의 빛과 사랑으로 충실히 양육하게 하여주옵소서.

우리 가정의 모든 형편과 사정을 아시오니 온전히 주관하여 주시고 넘치는 복을 내려주실 줄을 믿습니다. 사랑 많으신 예수님의 이름으로 기도드립니다. 아멘.

약속의 확신

여인이 어찌 그 젖 먹는 자식을 잊겠으며 자기 태에서 난 아들을 긍휼히 여기지 않겠느냐 그들은 혹시 잊을지라도 나는 너를 잊지 아니할 것이라 _사 49:15

09

염려를 맡기게 하소서

시편 29편 1~2절

너희 권능 있는 자들아 영광과 능력을 여호와께 돌리고 돌릴지어다
여호와께 그의 이름에 합당한 영광을 돌리며 거룩한 옷을 입고 여호와께 예배할지어다

　사람들의 대화 속에서 흔히 들을 수 있는 말 가운데 하나가 "큰 문제다
…"라는 말이다. 문제란 '잘못된 상태', '처리하기 어려운 난처한 일'로써
해결 또는 해답이 요구되는 과제나 걱정거리다. 문제가 생기면 근심, 불안,
고통, 고민, 공포도 함께 생겨서 그 정도에 따라 불면증, 우울증 등 각종 신
경성 질환이나 질병도 나타난다. 신앙인이든 비신앙인이든 누구에게나 두
려움이 있다. 그렇지만 우리가 믿는 하나님은 문제보다 크신 분이다. 예를
들어 개미 집 입구를 누가 자갈로 막았다고 생각해보자. 개미들에게는 어
마어마한 문제다. 거대한 바위가 자기 집을 막았으니 개미의 힘으로는 도
저히 처리할 수 없는 사건이다. 하지만 사람이 그 돌을 치워주는 것은 아
무것도 아니다. 마찬가지로 인간들에게는 크고 심각한 문제도 우주만물을

주관하시는 하나님께는 아무것도 아닌 것이다.

　미국 인디애나주에서 발행한 〈이브닝 월드〉에 이런 기사가 실렸다. "하나님께서 메릴랜드주의 그린벨트에서 연구하고 있는 우리 회사 우주 관계 과학자들에게 놀라운 사실을 알게 해주셨다." 그들은 매일 컴퓨터 앞에서 지금으로부터 10만 년 전까지 소급하여 올라가면서 그간의 태양과 달의 궤도진행을 살폈다. 그러다 지구가 궤도를 진행하는 과정 중에 하루가 없어졌다는 사실을 알게 되었다. 과학적으로는 증명할 수 없는 사건이었다. 이를 옆에서 보고 있던 타이피스트가 말했다. "소장님, 제가 어릴 때 주일학교에서 들었는데 여호수아가 기도하여 태양이 멈추었다고 했어요." 이에 소장은 코웃음을 쳤다. 그러나 그의 뇌리에서 타이피스트의 말이 지워지질 않았다. 소장은 자기 연구실로 돌아와 혹시나 하고 여호수아서를 읽었고, "태양이 머물고 달이 멈추기를… 태양이 중천에 머물러서 종일토록 속히 내려가지 아니하였다"(수 10:13)라는 말씀을 찾았다.

　그는 당시의 시간을 컴퓨터로 살펴보다가 소스라치게 놀랐다. 거기서 23시간 20분이 없어졌음을 발견한 것이다. 그는 어쩌면 나머지 40분도 성경 속에서 나올지 모르겠다는 생각이 들어 성경을 계속 읽다가 열왕기하 20장에 이르렀다. 그는 유다 왕 히스기야가 죽을병에 걸려 하나님께 간절히 기도하여 생명을 15년 연장 받았는데, 그 증표로 해 그림자를 10도 물러가게 하셨다는 말씀에 눈이 번쩍 뜨였다. 해 시계는 24시간을 360도 원을 중심으로 만든 것으로써 10도는 정확히 40분이었던 것이다. 이때 연구소장은 하나님께 무릎을 꿇고 고백했다. "살아계신 하나님! 하나님의 정확 무오한 섭리에 할 말을 잃었습니다. 영광을 돌립니다."

　하나님은 자연, 과학, 온 우주의 주인이시요, 지배자이시며, 주권자이시다. 그래서 우리는 하나님의 다스림을 믿고 하나님의 주권을 시인하고,

역사하심을 믿으며 큰 은총을 입는 자가 되어야 한다. 우리의 삶이 힘들고 어렵더라도 내 문제보다 크신 하나님만을 신뢰하고 나가면 사필귀정의 결론을 내려주시고 덤으로 보상까지 해주시기 때문이다. 그래서 무디(D. L. Moody) 목사는 하나님의 완전한 구원을 이렇게 표현하였다.

"첫째, 죄 빼기. 둘째, 은혜 더하기. 셋째, 사랑 나누기. 넷째, 평안 곱하기."

그리스도인들은 (-), (+), (÷), (×)의 생활을 잘해야 한다. 하나님은 오늘도 우리에게 일용할 양식을 주시며 힘과 능력을 더해주시므로 우리는 권능 있는 하나님께 엎드려 기도해야 한다.

엄마가 들려주는 태담

고맙고 대견한 아가야!

엄마는 우리 아기가 지혜로운 사람이 되면 좋겠어. 그래서 언제나 다른 사람들에게 사려 깊은 말을 했으면 해. 지금부터 엄마가 하는 말들을 잘 기억했다가 나중에 이런 말들을 많이 하면 좋겠어. 고마움을 표현하는 말, 인정해주는 말, 반가운 인사 칭찬 축하, 사랑으로 교훈하는 말, 누군가를 응원하는 말, 관심을 가지는 말, 관계를 개선하는 말, 남을 즐겁고 행복하게 하는 말, 믿음의 확신에 찬 말, 좋은 말, 상냥한 말….

이런 말을 우리 예쁜 아가가 평생 동안 했으면 좋겠단다.

엄마와 아빠는 오늘도 너를 사랑해.

엄마의 기도

전능하시고 자비하신 하나님 아버지!

저희에게 생명을 베푸시고 은혜 주심에 감사드립니다. 주님께서 사랑하시는 우리 가정에 귀한 생명을 주셨사오니 태아가 엄마의 신앙을 본받아 온전한 믿음의 사람이 되게 하여주옵소서. 이 시간 태아를 위해서 기도하오니 엄마의 태중에 있는 아기가 저희가 원하는 자녀가 아니라 주님께서 원하시는 자녀로 자라도록 이끌어 주옵소서.

저희 아기가 배 속에서부터 이 세상 빛을 볼 때까지 하나님 보시기에 아름다운 아이로 태어나게 하여주시고 주님의 은혜를 입어서 이 땅에 나올 때 엄마에게 순산의 은혜도 주옵소서.

하나님 아버지!

저희 부부가 지혜로 인생의 집을 짓기를 원하오니 우리의 힘과 능력으로는 되지 않게 하시고 오직 하나님의 말씀으로 믿음의 집을 짓게 해주옵소서.

우리 부부가 날마다 겸손하여 낮은 자리에서 이웃을 섬기며 하나님께 헌신하는 마음으로 집을 짓게 하여주옵소서. 또한 우리 가정의 모든 사정과 형편을 주께서 아시오니 넘치는 축복을 내려주옵소서.

사랑이 많으신 예수 그리스도의 이름으로 기도드립니다. 아멘.

약속의 확신

누가 현숙한 여인을 찾아 얻겠느냐 그의 값은 진주보다 더 하니라 _잠 31:10

10
새 노래로 찬송하게 하소서

시편 33편 3~4절
새 노래로 그를 노래하며 즐거운 소리로 아름답게 연주할지어다
여호와의 말씀은 정직하며 그가 행하시는 일은 다 진실하시도다

세상 사람들이 부르는 사랑 노래를 들어보면 주로 아름다운 사랑보다는 '가버린 사랑', '잊혀진 사랑', '나 혼자만의 사랑', '실패한 사랑'에 관한 것들임을 볼 수 있다. 그러나 예수 믿는 사람들이 부르는 찬송은 영혼에 관한 노래다. 호흡이 있는 자마다 여호와를 찬양해야 한다. 그 이유는 무엇일까? 생각해보자.

1. 찬송은 하나님을 향한 감사와 기쁨의 표현이다.

사람은 희로애락(喜怒哀樂)의 감정을 가진 존재다. 사람들이 기쁨을 표현하는 방법에는 여러 가지가 있다. 노래로, 춤으로, 눈물로 자기의 감정을 표현한다. 다윗 왕 시절 찬양대원의 수가 무려 4,000명이나 되었다고 한

다. 그리고 그들은 골방에서 전문적으로 찬양만을 전담하여 하나님께 영광을 돌렸다고 한다.

신앙생활을 하면서도 찬송하지 못한다면 기쁨 없이 사는 사람이거나 아직도 하나님의 은혜가 가슴에 와 닿지 않은 것이다. 사람은 은혜를 체험하고 나면 하나님을 향한 감사하는 마음으로 찬송하게 된다.

2. 찬송은 은혜에 대한 표현이기에 기도하는 마음으로 불러야 한다.

기도가 깊어지면 찬송도 깊어진다. 그래서 루터는 찬송은 곡조가 붙은 기도라고 했다. 우리가 하나님께로부터 받는 은혜의 통로는 여러 가지다. 말씀으로 은혜를 받기도 하고, 기도로 은혜를 받기도 하지만, 찬송으로 은혜를 받는 경우도 많다. 찬송은 부르면 부를수록 더 큰 기쁨으로 우리에게 다가온다. 세상의 노래는 슬픈 자는 더 슬퍼지고, 괴로운 자는 더 괴롭고, 외로운 자는 더 외롭게 하지만 찬송은 그렇지 않다.

찬송을 부르면 괴로웠던 마음에 평화가 찾아오고 눈물을 흘리는 환경에서도 신비한 위로가 생긴다. 찬송은 하나님의 마음과 우리 마음의 교류이기 때문이다.

대표적인 인물이 화니 제이 크로스비(F. J. Croseby)와 존 뉴턴(John Newton)이다. 크로스비는 어릴 때 안약을 잘못 사용하여 시력을 잃고 장애인이 되었다. 그러나 그는 육신의 눈은 어두웠지만 영혼의 눈이 밝아 은혜로운 찬송을 만들었다. '주께로 한 걸음씩 왜 가지 않느냐' '자비한 주께서 부르시네' '나의 생명 되신 주, 주님 앞에 나아갑니다' 등 수많은 은혜로운 찬송을 작사했다.

존 뉴턴도 마찬가지다. 그는 어린 시절 어머니를 잃고 어려서부터 아버지를 따라 거센 파도와 싸우면서 노예 선을 탔다. 아프리카 흑인들을 코끼리 사냥하듯 강제로 잡아서 노예 선에 실어다 파는 일에 종사하였다. 그는 회개하기 전까지 세상에서 못된 짓이란 못된 짓은 다 했다. 그러나 회개한 후에 자신의 죄를 깨닫고 참회하는 마음으로 '나 같은 죄인 살리신 주 은혜 놀라와 잃었던 생명 찾았고 광명을 얻었네'라고 찬송했다. 찬송은 우리가 하나님께 드릴 수 있는 최상의 예물이다. 감동적인 찬송은 마음의 전부를 표현하기 때문이다.

하나님은 지금도 찬송을 부르는 자들에게 크신 위로와 감사를 더욱 더 넘치게 허락하신다. 오늘도 주님을 찬송하면서 하나님께로 나가는 태아와 엄마가 되기를 바란다.

엄마가 들려주는 태담

예쁜 아가야!

엄마 목소리가 들리지? 오늘은 하나님의 뜻을 따르는 생활을 할 수 있도록 기도하자.

아가야, 사람이 잘 되려면 하나님을 잘 섬기고, 부모님께 효도하고 사회에 나가서 인정받는 사람이 되어야 한단다.

옛날 이스라엘에 다윗이라는 왕이 있었단다. 이 왕은 골리앗 장군을 전쟁에서 이기고 난 다음부터 유명해졌어. 그런데 다윗왕은 악기도 잘 다고 찬송을 잘 했단다. 참 멋있는 사람이지. 엄마는 우리 아가가 이런 사람이 되었으면 좋겠어. 하나님은 우리 아가가 찬양도 잘하고, 하나님을 잘 섬겨서 복된 사람이 되기를 바라고 계시단다.

사랑하는 우리 아가야!

오늘도 하나님의 말씀으로 행복하게 살자.

엄마의 기도

살아계신 하나님 아버지!

오늘 묵상을 통해서 하나님의 뜻이 이루어지게 하시고 듣는 저희에게 하나님의 말씀에 온전히 귀 기울이는 시간을 주셔서 감사합니다.

이 시간 저에게 은혜를 베푸셔서 건강도 주시고, 마음의 평안도 주시고, 물질도 허락하여 주옵소서.

라헬을 통하여 요셉을 생산케 하신 것처럼, 저희 가정에 주신 믿음의 선물이 요셉처럼 하나님의 형통한 복을 받는 자녀가 될 수 있도록 축복하여 주옵소서.

우리 부부가 한 마음 한 뜻으로 믿음 안에서 말씀과 기도로 태교를 하오니 항상 축복하시고 지혜와 사랑으로 충만케 하여주옵소서. 또한 저희 부부가 그리스도의 마음을 품어 복중에 있는 아기가 예수님의 사랑을 알게 하시고 저에게 평안을 주시어 태아가 강건한 모습으로 조성되게 하여주옵소서.

주님께서 저희 가정에 위탁하신 새 생명을 잘 양육할 수 있도록 우리에게 지혜와 총명을 주시고, 또한 좋은 환경을 공급하여 주옵소서. 악하고 불의한 영들이 틈타지 못하도록 우리 가정을 성령으로 지켜주옵소서.

능력이 많으신 예수님의 이름으로 기도 드립니다. 아멘.

약속의 확신

엘리사벳이 마리아가 문안함을 들으매 아이가 복중에서 뛰노는지라 엘리사벳이 성령의 충만함을 받아 큰 소리로 불러 이르되 여자 중에 네가 복이 있으며 네 태중의 아이도 복이 있도다 _눅 1:41-42

사무엘의 어머니 한나

"여호와께서 그를 생각하신지라
한나가 임신하고 때가 이르매
아들을 낳아 사무엘이라 이름하였으니
이는 내가 여호와께 그를 구하였다 함이더라"
_ 사무엘상 1장 19~20절

한나는 아이를 잉태하기 위해
하나님께 통곡의 기도를 올린 인물로 유명하다.
하나님께서는 그 기도를 들으시고 태의 문을 열어주셨다.
생명의 주관자이신 하나님께서 허락하지 않고서는
어떤 생명도 존재할 수 없다.
끝없는 기도로 태어난 사무엘은
이스라엘의 마지막 사사가 되었다.

우연한 임신이란 없다.
태의 복을 받은 가정에서는 생명을 허락하신 주님께서
끝까지 아이와 함께하시기를 기도해야 한다.

3
PART

오   래
기   도
합 니 다

─────────

두근거리는 가슴

11
마음에 평안을 주소서

시편 47편 1~2절

너희 만민들아 손바닥을 치고
즐거운 소리로 하나님께 외칠지어다
지존하신 여호와는 두려우시고 온 땅에 큰 왕이 되심이로다

시편 47편은 이스라엘 민족의 국민적인 노래다. 이 노래는 전 국민이 함께 부르는 하나님께 대한 찬송이요, 그 영광의 노래다. 한 나라의 국가는 그 나라 국민의 정신 상태의 발로요, 공통된 감정의 표현이라고 할 수 있다. 그런 의미에서 이 시편은 특별히 이스라엘의 국민적인 찬양인 동시에 특별한 민족적인 의식으로 쓰인 시다.

이 노래 속에서 유대 민족의 정신적인 바탕과 민족의 신앙을 엿볼 수 있다. 하나님에 대한 감격으로 가득 찬 시인은 하나님이야말로 모든 영광과 찬송을 받으시기에 합당한 분이심을 고백하고 있다. 그리고 주변에 있는 많은 사람들이 영광스러운 축복을 누리지 못하고 있는 것에 대해 가슴 아파하고 있다.

하나님을 찬양하는 일이 얼마나 아름다운가 생각해보라. 우리가 가진 달란트를 가지고 하나님을 찬양할 때 감사의 기적이 일어난다. 그래서 우리는 '손바닥을 치며' 찬양을 해야 한다. 그러면 무엇으로 찬양해야 하는가? 하나님은 온 땅의 왕이시기 때문에 지혜의 시로 찬양해야 한다. '영으로 찬미하고 또 마음으로 찬미하는 것'이 곧 복음의 원리다.

어느 미국 잡지에서 '예수 믿는 사람과 믿지 않는 사람의 건강 상태와 평균 수명'을 조사했더니 예수 믿는 사람의 평균 수명이 예수 믿지 않는 사람의 평균 수명보다 더 길고, 건강상태 역시 훨씬 양호하다는 결과가 나왔다. 그 이유를 알아보았더니, 찬송의 능력 덕분이었다고 한다. 누구든지 찬송을 하면 감사가 많아져 유혹과 시험을 물리칠 수 있다.

바울과 실라가 빌립보에서 예수의 이름으로 귀신 쫓아낸 것 때문에 억울하게 고발되어 매를 맞고 감옥에 수감되는 신세가 되었다. 보통 사람 같으면 하나님을 원망하고 불평했을 것이다.

그러나 바울과 실라에게는 찬송이 있었다. 마음속으로만 찬송을 부른 것이 아니라 다른 사람이 다 들을 수 있게 찬송을 불렀다. 그런데 기적이 일어났다. 감옥 터가 움직이고 옥문이 열리고 고랑이 풀렸다. 이를 보고 옥을 지키던 간수가 회개하고 예수를 믿고, 그날 밤 그의 가족 모두 구원받는 놀라운 역사가 일어났다. 마음속에 찬송이 있으면 기적이 일어난다. 우리 마음속에도 찬송이 있어서 사랑하는 태아가 감격을 맛보고 하나님을 향한 사랑이 뜨거워지기를 위해서 기도하자. 그때 하나님께서 우리 삶에 기적을 일으키실 것이다.

나의 예쁘고 사랑스러운 아가야!

하나님은 찬송하는 사람들을 좋아하신단다. 신약성경에 바울과 실라라는 이름의 인물이 나오는데 이 사람들은 예수님을 사랑해서 예수님을 전하기 위해서 돌아다녔어. 그러다가 잡혀서 감옥에 들어가게 되었는데 거기서도 찬송을 했단다. 찬송을 얼마나 크고 힘차게 했던지 감옥에 갇힌 다른 사람들이 모두 들을 정도였단다. 어려운 환경 속에서도 바울과 실라가 찬송을 하니까 하나님께서 듣고 지진을 통해 옥문이 열려 풀려나게 하셨대. 놀랍지!

하나님은 이처럼 찬송을 하면 새 힘을 주시고 문제를 해결해 주신단다. 이 시간 엄마와 함께 찬양하자.

예수 사랑 하심은 거룩하신 말일세
우리들은 약하나 예수 권세 많도다
날 사랑하심 날 사랑하심
날 사랑하심 성경에 써 있네

나를 사랑하시고 나의 죄를 다 씻어
하늘 문을 여시고 들어가게 하시네
날 사랑하심 날 사랑하심

날 사랑하심 성경에 써 있네

정말 좋은 찬송이지?
우리도 날마다 하나님께서 기뻐하시는 찬송을 하자꾸나.

엄마의 기도

사랑 많으신 하나님!

이 시간 전능하신 주님을 찬양합니다. 이 땅의 많은 사람 가운데 저희 부부를 사랑하시고 보호해주시고 축복해 주심을 감사를 드립니다.

저희 부부에게 태의 기업을 허락하시어 새 생명이 저의 몸 안에서 조성되어 하나님의 영광을 드러내도록 인도하여주시니 감사드립니다.

이 시간 구하오니 태아를 붙들어주시고 그 연약한 생명을 감싸주시고, 축복하여 주옵소서.

하나님께서 축복해주시지 않으면 누가 축복해 주겠습니까?

저희 태아에게 하나님의 복이 필요하오니, 지혜와 사랑과 총명을 주시고 음악적인 재능도 주시고 좋은 음성도 주옵소서.

오늘 드리는 예배를 축복하셔서 저희가 새 힘을 얻고, 찬양을 통하여 감사를 회복하며, 기도를 통하여 하나님의 음성을 듣는 귀한 시간이 되게 하여 주옵소서.

사랑이 많으신 예수님의 이름으로 기도 드립니다. 아멘.

12

자유를 얻게 하소서

시편 61편 1~3절

하나님이여 나의 부르짖음을 들으시며 내 기도에 유의하소서 내 마음이 약해질 때에
땅 끝에서부터 주께 부르짖으오리니 나보다 높은 바위에 나를 인도하소서
주는 나의 피난처시요 원수를 피하는 견고한 망대이심이니이다

살다 보면 다윗처럼 마음과 육신이 동시에 눌릴 때가 있다. 친구에게 배신을 당했다든지, 사업이 부도 직전에 처했다든지, 직장에서 퇴직권고를 당했다든지…. 바윗덩이에 눌린 것처럼 마음이 무거울 때가 있다.

기도의 사람 다윗은 이스라엘 왕이었지만, 아들 압살롬이 쿠데타를 일으키는 바람에 궁궐을 떠나서 정처 없이 피난길에 올랐다. 그러다가 요단 동편 '마하나임'에 숨어서 시편 61편을 기록하였다. 다윗은 심하게 마음이 눌려서 일어날 수조차 없는 상황이었다. 그때 그는 어떻게 일어났을까? 우리의 마음이 심하게 눌릴 때, 어떻게 해야 할까?

1. 과거의 체험을 회상하면서 힘을 얻는다.

다윗은 마음이 눌릴 때 무엇보다 먼저 지금까지 인도해주신 하나님을 기억했다. 다윗이 이스라엘의 왕이 되기까지 수없이 많은 어려움을 겪었다. 그때마다 하나님은 피난처가 되어주셨고 견고한 망대가 되어주셨다. 그랬기에 다윗은 온갖 위험 속에서도 "주는 나의 피난처시요 원수를 피하는 견고한 망대"이십니다라고 고백한 것이다(시 61:3). 우리에게도 다윗과 같은 체험이 필요하다. 체험 없이 이론만 말하는 사람의 말은 힘도 없고 생명력도 없다. 그러나 체험한 사람의 말에는 생명력이 있고, 사람의 마음을 감동시키는 힘이 있다. 그리고 과거의 체험은 현재의 고난을 이기는 힘을 공급해주기도 한다.

과거에 많은 역경을 경험한 사람은 점점 그 고난과 역경 속에서 쉽게 낙심하지 않고 견딜 수 있게 된다. 이것이 '경험의 힘'이다.

2. 부르짖어 기도하라.

유다의 히스기야 왕은 죽을병에 걸렸을 때, 얼굴을 벽으로 향하고 심히 통곡하며 부르짖어 기도함으로 생명을 15년이나 연장 받았다. 유다의 아사 왕은 "강한 자와 약한 자 사이에는 주밖에 도와줄 이가 없사오니 우리 하나님 여호와여 우리를 도우소서"라고 부르짖어 기도함으로써 구스 왕 세라가 이끄는 100만 대군을 이길 수 있었다(대하 14:11). 시각 장애인 바디매오는 "다윗의 자손 예수여 나를 불쌍히 여기소서"라고 주님께 부르짖음으로 눈도 뜨고 영혼까지 구원받는 은혜를 체험했다.

마음이 눌릴 때, 자신의 형편과 처지를 낱낱이 고백하며 부르짖는 기도를 한 다윗은 예루살렘에서 다시 하나님과 교제하게 될 것이라고 기도 말미에 고백한다. 믿음 없이는 불가능한 고백이다. 후에 다윗은 자신의 고백대로 왕권을 회복하였다.

3. 기대하며 기다리라.

농부가 씨를 뿌린 후 기다리는 동안 씨앗이 싹을 틔우고 꽃을 피우고 열매를 맺는 것처럼, 엄마가 아이를 잉태한 후 10개월을 기다리면 하나님께서 은혜로 돌보아주신 아기를 만날 수 있다. 역사하실 것을 믿고, 믿음으로 기대하며 기다려야 한다. 절박할수록 급할수록 기도하며 기다려야 한다. 그러면 응답해주실 것이다.

엄마가 들려주는 태담

사랑하는 우리 아가야!

이 따스하고 기분 좋은 햇살을 느끼면서 엄마와 함께 상상의 나라로 떠나볼까?

옛날에 에녹이라는 사람이 있었단다. 그런데 이 사람은 300년 동안 하나님과 동행했단다. 오랜 동행은 쉽지 않은데 말이야. 누구 하나의 생각이 더 크면 못하는 거야. 그런데 에녹은 아들 므두셀라를 낳은 후 300년을 하나님과 동행하였단다. 에녹은 그 아들 므두셀라를 통해서 하나님의 음성을 듣고 그 날부터 동행했던 거야. 에녹이 하나님을 기쁘시게 하는 자였기 때문이지.

아가야, 엄마는 너를 바라볼 때마다 기쁘단다. 우리 아가도 에녹처럼 하나님과 동행하며 사는 사람이 됐으면 좋겠어.

오늘도 하나님과 동행하는 하루가 되자.

엄마의 기도

　사랑과 은혜가 많으신 하나님!

　오늘 이 시간 저희를 주님의 전으로 불러주시고, 하나님께 경배와 찬양을 드리게 해주심을 감사드립니다.

　하나님께서 만세 전에 우리를 택하시고 영원한 생명을 주시며 하나님의 자녀로 삼아주시고 또한 저희에게 선물 주심을 감사드립니다.

　사랑이 많으신 하나님 아버지!

　저는 제 배 속의 아기를 한시도 잊을 수 없습니다. 저도 한시도 잊을 수 없는데 하나님께서는 저희를 영원히 잊지 않으시고 머리털까지 세고 간섭하시며 하나님의 사랑으로 넘치게 하실 줄을 믿습니다. 주님께서 우리 가정을 잊지 않고 계심을 저는 압니다. 아담을 창조하시듯 우리 아기도 하나님의 형상으로 빚어주옵소서. 이 시간 저 또한 엄마로서 제 아기의 모습을 그려봅니다. 그려지는 아이의 모습이 주님의 형상이 되게 하옵소서.

　사랑이 많으신 예수님의 이름으로 기도드립니다. 아멘.

약속의 확신

내가 놀라서 말하기를 주의 목전에서 끊어졌다 하였사오나 내가 주께 부르짖을 때에 주께서 나의 간구하는 소리를 들으셨나이다 _시 31:22

13
하나님만 바라보게 하소서

시편 62편 1~2절
나의 영혼이 잠잠히 하나님만 바람이여 나의 구원이 그에게서 나오는도다
오직 그만이 나의 반석이시요 나의 구원이시요
나의 요새이시니 내가 크게 흔들리지 아니하리로다

　미국 하버드대학교의 리더십 연구센터는 성공한 사람 500명을 대상으로 성공 비결을 조사했다. 그 결과 성공한 사람들에게는 삶의 비전과 인내 외에 공통적인 특징이 있었는데, 바로 하나님의 계명을 지키는 것이었다. 땅만 보지 않고 하늘을 쳐다보고 자기 위에 열린 하늘 문을 바라보고 산 사람들이 성공했다는 것이다. 하나님을 바라보고 사는 사람들에게는 3가지 특징이 있다.

　1. 하나님이 갖고 계신 계획을 이루면서 산다.
　미국에서 살던 한 청년 스티븐 스캇(Steven K. Scott)은 대학을 졸업한 후 6년 동안 일하던 직장에서 매번 해고를 당했다. 그가 인생을 포기하려

고 할 때 그를 변화시킨 것은 게리 스몰리(Gary Smalley) 박사의 제안이었다. 게리 스몰리 박사는 스캇에게 매일 잠언 한 장씩을 읽도록 했다. 그는 잠언을 읽으며 어제와 다른 오늘을 만들고자 노력했다고 한다. 그것이 지금은 마케팅 사업가로 10여 개의 회사를 세우고,《솔로몬 부자학 31장》이라는 책을 저술하게 된 동기이자 그가 꿈꾸던 행복과 성공을 이루었던 비결이라고 말한다.

하나님은 땅만 보던 우리에게 하늘을 바라보고 하늘 문이 열린 것을 발견하게 하시고 야곱이 받았던 복을 받게 하신다.

"그러면 하늘 문이 어디 있습니까? 누가 하늘 문이 열린 것 봤나요?"

이렇게 물을 수도 있다. 성경은 하늘 문을 여는 비결은 하나님의 말씀이라고 말한다. 하나님의 말씀을 지키고 행하는 사람들에게 하나님은 반드시 오늘보다 나은 내일을 보장해주신다.

2. 삶이 힘들 때 반드시 하나님을 바라본다.

우리가 힘들 때 하나님이 우리를 돌보시도록 하려면 우리의 죄악에서 돌이켜야 한다. 그리고 하나님께 모든 것을 맡기고 인도 받아야 한다.

너는 마음을 다하여 여호와를 신뢰하고 네 명철을 의지하지 말라 너는 범사에 그를 인정하라 그리하면 네 길을 지도하시리라 (잠 3:5-6)

하나님은 우리의 생활에 왜 여러 가지 일이 닥치는지 알 수 있도록 우리를 지도해주신다.

3. 하나님을 바라보면 외롭지 않다.

하나님을 바라보고 사는 사람은 외롭지 않다. 하나님이 붙들어주시기 때문이다. 하나님이 항상 눈동자같이 지키시고 졸지도 주무시지도 아니하시기 때문이다. 하나님이 함께하시기에 무엇이든 해낼 수 있다는 생각을 품게 된다.

우리가 하는 말에도 하나님이 함께하시기 때문에 언제나 긍정적인 생각을 통해서 큰 역사를 이루어내게 되는 것이다. 하나님이 함께하시면 모든 것을 할 수 있다는 믿음을 가지고 오늘도 승리하면서 살기를 바란다.

엄마가 들려주는 태담

사랑하는 우리 아가야!

엄마와 함께 이렇게 기도하자.
하나님! 제가 가는 곳이 어디든 하나님이 함께해주세요.
하나님! 제가 가는 곳이 어디든 예수님이 함께해주세요.
하나님! 제가 가는 곳이 어디든 성령님이 함께해주세요.
하나님의 손길이 부드러운 바람처럼 다가와 저를 바르고 지혜롭게 만드시고 제 믿음이 자라게 해주세요.
하나님의 숨결이 반짝이는 황금처럼 다가와 날마다 제가 즐겁게 살아가게 해주세요.
저를 강하고 용감하게 만들어주세요.
저에게 은혜를 내려주세요.
그래서 제가 해야 할 일들을 다 할 수 있는 사람이 되게 해주세요.
예수님의 이름으로 기도합니다. 아멘.

엄마의 기도

전능하시고 자비로우신 하나님 아버지!

베풀어주신 은혜에 감사를 드립니다. 오늘도 성령님의 은혜로 저희를 불러주시고 인도해주셔서 존귀와 영광과 찬송을 드리게 하시니 감사합니다.

이 시간 저희 태아가 자라면서 날마다 주님 말씀에 귀 기울여 예수 그리스도의 살아 계심을 체험하게 하여주옵소서. 비록 연약하지만 엄마가 읽어주는 말씀에 귀를 기울이고 하나님의 깊은 뜻을 깨달아 성경 말씀을 소중하게 여기게 하여 주옵소서.

저희 가족이 하나님의 말씀에 따라 살아가도록 때에 따라 필요한 은혜를 주옵소서. 저희 부부가 먼저 성경을 읽고 말씀을 소중히 간직하게 하시고 저희 태아가 주님 말씀을 올바로 듣고 실천하도록 은혜를 내려주옵소서.

무엇보다도 저희 부부에게 성령의 충만한 역사를 허락하시어 열방을 향한 빛으로 쓰임 받게 하여주옵소서.

약속의 확신

보라 처녀가 잉태하여 아들을 낳을 것이요 그의 이름은 임마누엘이라 하리라 하셨으니 이를 번역한즉 하나님이 우리와 함께 계시다 함이라 _마 1:23

14

위의 것을 생각하게 하소서

시편 63편 2~4절

내가 주의 권능과 영광을 보기 위하여 이와 같이 성소에서 주를 바라보았나이다
주의 인자하심이 생명보다 나으므로 내 입술이 주를 찬양할 것이라
이러므로 나의 평생에 주를 송축하며 주의 이름으로 말미암아 나의 손을 들리이다

신앙의 사람은 곤고함과 괴로움과 환난이 있어도 늘 하나님만을 의지하면서 기도하고 찬양해야 한다. 다윗은 곤고할 때에 어떻게 했는지 살펴보자.

1. 하나님을 앙모하였다.

사람은 배반을 당할 때, 그것도 믿었던 사람에게 배신당할 때 가장 큰 충격을 받는다. 아마 다윗 왕도 아들 압살롬이 반란을 일으켰을 때 가장 큰 충격을 받았을 것이다. 그러나 다윗은 그런 가운데에서도 "내 육체가 주를 앙모하나이다"라고 고백했다(시 63:1). 앙모란 간절한 마음으로 하나님만 믿으며 바라본다는 뜻이다. 누구든지 하나님만 바라보면 새 힘을 얻을 수

있다. 그래서 이사야 선지자는 이렇게 말한다.

> 오직 여호와를 앙망하는 자는 새 힘을 얻으리니 독수리가 날개치며 올
> 라감 같을 것이요 달음박질하여도 곤비치 아니하겠고 걸어가도 피곤
> 하지 아니하리로다 (사 40:31)

2. 성소에서 주를 바라보았다.

다윗은 곤고할 때마다 하나님의 법궤가 있는 성소로 찾아가서 기도했
다. 이렇게 다윗은 하나님의 성전을 사모한 나머지 성전 건축에 힘쓴 것이
다. 아무리 삶이 곤고하고 힘들어도 다윗처럼 성소 중심의 사람이 되어야
한다. 성소에서 하나님을 바라보던 다윗의 신앙이 우리의 신앙이 될 때 큰
은총을 입는다.

1646년에 설립된 하버드 대학교에는 세 가지 학생 강령이 있다. 첫째,
모든 학생은 자신의 삶과 학업의 주된 목적이 영생이신 하나님과 주 예수
그리스도를 아는 데 있음을 명심해야 한다. 두 번째, 모든 학생은 하나님이
지혜를 주시는 분임을 명심하면서 은밀한 곳에서 기도를 통해 하나님께
지혜를 간구해야 한다. 세 번째, 모든 학생은 매일 하루에 두 번 성경을 읽
음으로써 성경의 용어와 사상뿐만 아니라 영적 진리에 대해서도 언제라도
설명할 수 있어야 된다.

하버드 대학이 오늘날 세계적인 대학이 될 수 있었던 것은 그 출발이
성경에 있기 때문이다. 대부분의 사람들이 많은 정보를 가지고 있는 시대
를 살고 있다. 그런데 영적인 정보, 즉 하늘의 정보는 없다. 하나님의 말씀
이 없다. 성경은 "위의 것을 생각하고 땅의 것을 생각하지 말라"고 한다(골
3:2). 이 말씀은 대체로 이 땅의 욕망을 모두 버리고 이제는 그리스도께서

계신 하나님의 나라를 생각하고 바라보라는 말씀이다.

다윗은 결국 곤고한 중에 하나님의 은혜로 승리하여 왕의 권위를 회복하였다. 우리가 힘들고 어려울 때 하나님을 앙모하면서 주님을 바라보자. 그때 우리에게 곤고함을 이겨낼 은혜를 베풀어주실 것이다.

엄마가 들려주는 태담

소망이 가득한 아가야!

오늘은 예수님이 들려주신 이야기를 너에게 들려줄게.

한 양치기가 양 백 마리를 돌보고 있었어. 그런데 어느 날 보니까 양이 아흔아홉 마리뿐인 거야. 양치기는 양 아흔아홉 마리를 목장에 두고 잃어버린 한 마리 양을 찾아 나섰지. 산 너머 돌짝밭을 따라 걸어갔어. 따가운 가시밭길도 지났어. 한참 만에 양치기는 양의 울음 소리를 들었단다.

음매~음매~.

이 소리를 듣고 양치기는 잃어버린 양을 구해냈어. 양을 데리고 돌아와서는 친구들을 불러서 "잃어버린 양을 찾았어! 우리 잔치를 벌이자!" 라고 했단다.

하나님은 이 양치기와 같은 분이셔. 길 잃어버린 사람들을 찾으면 모든 천사가 기뻐서 노래를 할 거야.

하나님은 사랑의 목자시란다. 우리에게 필요한 것을 주시고 편히 쉬게 하며 안전하게 보호해 주신단다. 우리 그런 하나님께 사랑의 고백을 드리자.

엄마의 기도

소망과 위로의 하나님 아버지!

사랑하는 태아를 위해서 기도합니다. 이 아이가 무엇을 하든지 하나님을 바라보며 소망을 품게 하여주옵소서. 어떤 경우에도 소망을 저버리지 않고 주님 안에 초점을 두게 하시고, 매일 도전하게 하시고 실패해도 다시 일어서는 믿음을 주옵소서. 비관적이거나 부정적인 생각을 갖지 않게 하시고, 1% 가능성만 있다 할지라도 그 가능성을 바라보면서 담대하게 앞으로 나아가는 믿음을 허락하여 주옵소서. 구하기는 사랑하는 아이가 생을 살아가는 동안 좋은 스승을 만나게 하여주옵소서.

태아가 이 세상에 나왔을 때, 하나님을 아는 지식으로 살아갈 수 있기를 소원합니다. 아이가 이 세상에 태어나 살아갈 때에 자신의 지혜와 지식이 과연 누구로부터 온 것인가를 분명히 깨닫고 사는 아이가 되게 하여주옵소서.

우리 부부를 위해서 기도합니다. 자녀에게 존경받는 부모가 되게 하시고, 자녀에게 가장 편안한 상담자가 되게 하여주옵소서. 또한 자녀에게 가장 친근한 벗이 되게 하시고, 가장 친절한 안내자, 가장 따뜻한 위로자, 가장 안전한 보호자가 될 수 있도록 도와주옵소서. 그리하여 우리 부부가 아이의 든든한 후원자가 되게 하시고, 자녀에게 본 받을 만한 믿음의 선배로 세워지게 하여주옵소서.

예수님의 이름으로 기도합니다. 아멘.

약속의 확신

실로 내가 내 영혼으로 고요하고 평온하게 하기를 젖 뗀 아이가 그의 어머니 품에 있음 같게 하였나니 내 영혼이 젖 뗀 아이와 같도다 _시 131:2

15

복과 빛을 주소서

시편 67편 1~3절

하나님은 우리에게 은혜를 베푸사 복을 주시고 그의 얼굴 빛을 우리에게 비추사
주의 도를 땅 위에, 주의 구원을 모든 나라에게 알리소서
하나님이여 민족들이 주를 찬송하게 하시며 모든 민족들이 주를 찬송하게 하소서

사람은 스스로 복을 얻거나 다른 사람을 통해 복을 받을 수 없다. 복은 하나님께로부터 오는 것이기 때문이다.

야곱은 자기 스스로 복을 쟁취하고 싶었지만 아무리 애써도 그럴 수 없었다. 하나님이 야곱의 환도뼈를 부러뜨리셔서 그를 회개하게 하시고 주의 종이 되게 하셨다. 그렇게 야곱은 하나님의 은혜로 복을 받게 되었다. 우리 삶의 모양을 언뜻 보면 사람이 스스로 많은 것을 할 수 있는 것처럼 느낄 수 있지만 사실 사람이 할 수 있는 것은 아무것도 없다. 우리가 가진 것 중 하나님께로부터 오지 않은 것이 없다. 하나님이 주셔야 받는 것이다. 그런데 우리는 하나님께 바치는 시간과 물질과 정성을 마치 그분께 빼앗기는 것처럼 느낀다. 아니다. 하나님은 주시는 분이지 빼앗는 분이 아니다.

그렇다면 하나님께로부터 오는 복은 어떻게 받아야 할까? 아래 세 가지를 살펴보자.

1. 하나님의 긍휼하심으로 복을 받자.

우리는 복 받을 자격이 없지만 하나님의 긍휼로 생명과 영생, 구원과 영광, 이 모든 것을 받을 수 있다. 하나님은 우리에게 복을 주실 때 자격을 따라 주시는 것이 아니라 값없이 거저 주시는 긍휼을 통해서 복을 주신다.

성경에서 복을 표현할 때는 '시냇가에 심겨진 나무', '백향목', '감람나무', '포도나무' 등과 같이 언제나 나무에 비유한다. 나무는 움직임이 없는 식물이다. 왜 움직임이 전혀 없는 나무가 복을 상징할까? 말씀 안에서 요동하지 않고 오직 주님만 바라보라는 의미로 성경은 복 있는 사람의 태도를 나무에 비유하는 것이다.

2. 순종함으로 복을 받자.

하나님은 순종하는 자에게 물질의 복을 약속하셨다. 사람은 먹을 것, 입을 것, 살 곳 등 물질이 없으면 살아갈 수가 없다. 그래서 하나님은 수고하는 자들에게 물질의 복, 재물의 복을 주기도에서 약속하신 것이다.

"나라가 임하시오며 뜻이 하늘에서 이루어진 것 같이 땅에서도 이루어지이다." 그러나 물질을 위해 살지 않도록 늘 우리의 삶을 점검해야 한다. 우리가 아침부터 저녁까지 수고하는 이유가 물질 그 자체가 아니라 하나님 나라를 위한 것이어야 한다.

3. 구원의 축복을 받자.

열방이 주님 앞에 나와서 찬양하게 되려면 구원의 축복이 임해야 한다.

성도된 우리는 온 세상에 하나님의 구원 소식을 전해야 한다. 그러면 다른 민족들도 하나님의 백성이 되어서 하나님께 감사하고 찬송할 수 있기 때문이다. 이것이 바로 이스라엘을 세우신 하나님의 뜻이며, 오늘날 우리에게 믿음을 선물로 주신 목적이다.

엄마가 들려주는 태담

엄마의 힘, 우리 아가야!

두 손 잡고 하나님의 말씀을 배우자.

어느 날 엄마들이 자기 아이들을 데리고 예수님께 다가갔어.

"예수님! 아이들을 위해 기도해주세요."

그때 제자들은 다가오지 말라고 했어. 그렇지만 예수님은 이렇게 말씀 하셨지.

"어린 아이들이 나에게 오는 것을 막지 마세요. 하나님의 나라는 이런 어린이들의 것입니다."

이처럼 예수님은 아이들의 친구가 되어 주신단다.

이 시간, 우리 아기의 손도 예수님이 잡아주시고 꼭 껴안아주실 거야.

예수님의 손길은 축복의 손길이고, 치유의 손길이고, 능력의 손길이란다. 이 손길이 우리 아가에게도 꼭 필요하단다.

예수님, 우리 아가를 가슴에 안고 축복해주세요. 아멘.

엄마의 기도

우리의 생사화복을 주장하시는 하나님!

어두운 세상에 빛으로 오신 하나님의 사랑을 찬양하며 감사드립니다. 이 시간 저희가 주님의 이름을 높이며 경배하기를 원합니다. 우리의 기도를 받아주시고 영광을 받아주옵소서.

사랑의 하나님!

저희 아기가 제 안에서 균형 있게 성장하게 하시고 몸도 마음도 튼튼하게 만들어지게 하옵소서. 그래서 아기의 두 손과 팔이 튼튼하게 자라 어디서나 착한 일을 하도록 이끌어주시고, 근면하고 정직한 노동을 통하여 남모르게 봉사하며 기도하는 아름다운 손이 되게 하여주옵소서.

오늘 이 시간에도 우리의 연약함을 도우시는 성령님께서 저희에게 강하고 담대한 믿음을 주시어 이 땅에서 승리하게 하여주옵소서.

우리는 하나님을 신뢰합니다. 말씀을 신뢰합니다.

성령 하나님, 우리 아기가 하나님의 크신 뜻을 모두 헤아리지는 못하더라도 일평생 주님만 신뢰하며 살게 하여주옵소서. 그래서 아기가 자라면서 점점 주님의 형상을 닮아 더 큰 하나님의 사랑을 알게 하여주옵소서.

우리를 날마다 푸른 초장으로 인도하시는 예수님의 이름으로 기도드립니다. 아멘.

약속의 확신

갓난 아기들 같이 순전하고 신령한 젖을 사모하라 이는 그로 말미암아 너희로 구원에 이르도록 자라게 하려 함이라 너희가 주의 인자하심을 맛보았으면 그리하라

_벧전 2:2-3

삼손의 어머니 마노아

"마노아가 여호와께 기도하여 이르되
주여 구하옵나니 주께서 보내셨던 하나님의 사람을
우리에게 다시 오게 하사 우리가 그 낳을 아이에게
어떻게 행할지를 우리에게 가르치게 하소서"

_사사기 13장 8절

성경에는 인간의 능력으로는 아이를 가질 수 없는 환경에서
기적과 같이 아이를 얻은 가정이 등장한다.
아브라함의 부인 사라, 세례 요한의 어머니 엘리사벳,
삼손의 어머니 마노아가 그랬다.
어느 날 하나님의 사자가 자식을 주신다는 소식을 듣고
마노아는 하나님께 부탁했다.
아이를 어떻게 양육해야 할지 가르쳐달라는 것이었다.
우리는 아이를 어떻게 양육해야 할까?

성경은 마땅히 행할 길을 아이에게 가르치고(잠 22:6)
여호와를 신뢰하고 명철을 의지하지 말고(잠 3:5)
여호와의 은택을 잊지 말라(시 103:2)고 가르친다.

더 큰
은사를
구합니다

기대하며 감사하는 마음

16
거룩한 은혜를 주소서

시편 72편 1~3절

하나님이여 주의 판단력을 왕에게 주시고 주의 공의를 왕의 아들에게 주소서
그가 주의 백성을 공의로 재판하며 주의 가난한 자를 정의로 재판하리니
의로 말미암아 산들이 백성에게 평강을 주며 작은 산들도 그리하리로다

각종 발명품은 건설적인 불만을 가진 사람들이 만들어낸 작품이다. 이 세상에는 두 가지 긍정적인 불만이 있다. 하나는 건설적인 불만, 다른 하나는 거룩한 불만이다. 건설적인 불만은 자신에 대한 불만으로, 건설적인 방향으로 작동하지 않으면 자신을 파괴시킬 수도 있다. 그러나 거룩한 불만은 주님이 주신 은사를 활용하여 새로운 것을 찾아내 갈급함을 채우게 한다.

역사상 가장 큰 부귀 영화를 누렸던 솔로몬은 아버지 다윗의 뒤를 이은 이스라엘 왕으로서 아버지 다윗보다 더 하나님을 사랑하기 위해서 일천 번제를 드렸다. 이것을 보고 하나님께서는 솔로몬이 무엇을 구하든지 주겠다고 응답하셨다. 솔로몬이 하나님께 선물을 구할 때 세속적이고 육신의 욕망을 채우려 하지 않고 하나님의 은혜로 영적인 것을 구하자 하나님

께서는 솔로몬에게 지혜를 주셨다.

솔로몬은 물질적으로 부족함이 없고 권력도 가졌으나 영적으로는 부요하지 않았다. 그는 가난한 자신의 심령을 보고 주의 백성을 잘 다스릴 수 있는 지혜를 달라고 간구했다. 이것이 그리스도인이 구해야 할 기도의 최고 덕목이다.

야고보 사도는 야고보서 1장 5절에서 "너희 중에 누구든지 지혜가 부족하거든 모든 사람에게 후히 주시고 꾸짖지 아니하시는 하나님께 구하라 그리하면 주시리라"고 하였다.

솔로몬이 하나님께 지혜를 구하자 하나님은 아래와 같은 은혜를 솔로몬에게 더하여주셨다.

첫째 공정한 다스림, 둘째 온 세상의 번영, 셋째 가난하고 궁핍한 자들을 구원, 넷째 통치 영역의 확장, 다섯째 적들과 왕들의 굴복, 여섯째 명예로운 은혜가 그것이다.

솔로몬에게 지혜와 총명을 주셔서 일하게 하신 분도, 예수 그리스도에게 지혜와 총명을 주어 사역을 하게 하신 분도 하나님이시다. 우리는 언제나 자신을 되돌아보면서 영적으로 거룩한 불만을 가진 사람이 되어야 한다. 거룩한 불만을 가지면 자신의 지혜를 의지하지 않고 온전히 하나님을 의지하며 나아갈 수 있기 때문이다.

누구든지 통장에 돈을 채우고, 주린 배에 음식을 채우고, 어깨에 힘을 주고, 세상에 이름을 채우기보다 마음에 성령을 채우고, 가슴에 말씀과 지혜를 채우고, 손과 발에 능력을 채우는 하루하루를 보낼 때 우리는 하나님을 찬양하는 삶을 살 수 있다.

자랑스러운 아가야!

우리 이 시간 하나님께 귀한 달란트를 주십사 기도하자.

오늘은 신약성경에 나오는 달란트 비유를 들려줄게.

어느 날 주인이 여행을 떠나면서 종들을 불렀단다.

"내가 멀리 여행을 갔다 오는 동안 이것으로 재능을 발휘해보아라." 그러면서 세 명의 종에게 각각 한 달란트, 두 달란트 그리고 다섯 달란트를 주었단다. 그리고 주인은 먼 나라로 여행을 떠났지.

두 달란트 받은 종은 열심히 장사를 했고, 다섯 달란트를 받은 종도 나가서 열심히 장사를 했단다. 그런데 한 달란트 받은 종은 주인이 두려워 땅을 파서 달란트를 묻어 두었단다.

시간이 지난 후에 주인이 여행에서 돌아와 종들을 불러서 계산을 했어. 그랬더니 다섯 달란트를 받은 종은 장사를 해서 다섯 달란트를 남겼고, 두 달란트를 받은 종도 열심히 장사를 해서 두 달란트를 남겨 왔단다. 그런데 한 달란트 받은 종은 땅을 파고 묻어두었다가 가지고 와서 남긴 것이 하나도 없었지. 그때 주인이 화를 내면서 "심지 않고 거둘 수 없다"고 했어. 그러면서 가지고 있던 한 달란트마저 다섯 달란트 받은 종에게 주었단다. 다섯 달란트를 받은 종은 전부 열한 달란트가 되어 기뻐했단다.

하나님께서는 이처럼 누구에게나 달란트, 재능을 주셨단다. 이 재능을 우리가 땅에 묻어두면 좋은 열매를 맺을 수가 없겠지. 그래서 우리는 날마다 하나님께 지혜를 구해야 한단다. 나에게 맞는 달란트를 활용해서 귀하게 쓰임 받기 위해서 말이야. 우리 아가도 이렇게 하나님의 말씀으로 재능을 계발하는 사람이 되었으면 좋겠어.

엄마, 아빠는 우리 아가가 하나님의 말씀을 잘 지켜서 예수님의 사랑 받는 자녀가 되기를 기도해.

엄마의 기도

온 우주를 창조하신 하나님 아버지!

저희 부부에게 새 생명을 허락해주심을 감사드립니다.

이 시간 저희에게 주신 태아를 영혼의 눈으로 떠올려봅니다. 아기의 눈빛이 어떤지, 턱이 어떤 선을 그리고 있는지, 코가 어떻게 생겼는지 제 눈으로는 볼 수 없습니다. 그러나 제 손을 배에 얹고 눈을 감으면, 저와 제 아기는 서로의 존재를 알 수 있습니다.

이 시간 간구합니다. 배 속의 아기가 예수님처럼 튼튼하게 자라나게 하시고 샤론에 핀 백합화처럼 향기로운 자녀가 되게 하여주옵소서. 또한 저희 부부가 서로에게 항상 고운 말을 하여서 아기에게 부모의 아름다운 마음과 말씨가 전달되어 본이 되는 부모가 되게 하여주옵소서.

거친 말이 우리 입에서 나오지 않도록 지켜주시고 말로써 서로에게 상처를 주지 않도록 한 번 더 서로를 배려할 수 있는 믿음을 주옵소서. 저희 말을 배 속에 있는 아가가 듣고 있다는 것을 깨달아 늘 조심하도록 도와주옵소서.

언어의 주인이신 예수님의 이름으로 기도합니다. 아멘.

약속의 확신

마치 독수리가 자기의 보금자리를 어지럽게 하며 자기의 새끼 위에 너풀거리며 그의 날개를 펴서 새끼를 받으며 그의 날개 위에 그것을 업는 것같이 여호와께서 홀로 그를 인도하셨고 _신 32:11-12a

감사하게 하소서

시편 75편 1절

하나님이여 우리가 주께 감사하고 감사함은
주의 이름이 가까움이라
사람들이 주의 기이한 일들을 전파하나이다

성경에는 다른 경전과 달리 감사란 말이 많다. 감사란 은혜를 받은 자가 베푼 자에게 고마움을 보답하는 뜻으로 마음과 행동, 그리고 입술로 표현하는 것을 의미한다. 이를 감안할 때 우리는 예수님을 믿어 구원을 받은 사람들이니 누구보다도 더 많이 감사해야 한다.

시편 75편의 기자 아삽은 유난히 하나님께 감사와 찬양을 많이한 사람이다. 그의 고백을 보면 대부분 "주께 감사하고 감사한다"라는 간증이다. 어떻게 하면 우리가 범사에 감사하며 살 수 있는지 살펴보자.

1. 하나님께 초점을 맞추라.

감사는 우리의 초점이 어디에 있느냐에 따라 달라진다. 초점이 맞지 않는 카메라로 사진을 찍으면 흐릿하게 나오는 것처럼 하나님께 초점을 맞추지 않으면 삶이 흐릿해져 감사가 사라진다. 반대로 초점을 하나님께 맞추면 상이 분명해지면서 감사가 넘쳐난다. 유대인 신학자 몬테비우스는 "생각하라. 그리고 감사하라"라고 했다. 생각해보면 감사하지 못할 것이 없기 때문이다. 성경은 "여호와께 감사하라 그는 선하시며 그 인자하심이 영원함이로다"라고 말한다(시 107:1). 누구든지 하나님의 성품에 초점을 맞추면 감사하게 된다. 하나님 편에서 나를 보면 감사하게 된다. 그러나 내 편에서 하나님의 일을 보면 불평이 넘쳐난다.

2. 가진 것에 초점을 맞추라.

예수님은 어린이의 도시락 보리떡 다섯 개와 물고기 두 마리를 가지고도 감사하셨다. 그까짓 것이라고 말할 수도 있다. 그러나 그 작은 것을 두고 감사할 때에 더 큰 복이 찾아오는 것이다. 누구나 남의 것과 비교하면 불평이 넘친다. 소유는 우리를 괴물로 만드는 일종의 독이기 때문이다. 만물이 하나님의 것이라고 인정하면 물질에 대한 태도가 달라진다. "내 소유 가운데 얼마를 하나님께 드려야 할까?"가 아니라 "하나님의 소유 가운데 내가 얼마를 사용해야 할까?"에 관심을 갖기 때문이다. 영국의 신학자 존 웨슬리는 자기 집이 화재로 잿더미가 되었을 때 이렇게 말했다고 한다. "주님의 집이 불탔구나."

3. 미래에 초점을 맞추라.

감사생활을 실천하는 좋은 방법은 열망하는 좋은 일이 실제로 일어나기 전에 미리 감사하는 것이다. 예수님도 나사로를 살리러 가실 때에 무덤 앞에서 "아버지여 내 말을 들으신 것을 감사하나이다"라고 미리 감사하셨다(요 11:41). 마틴 루터는 "마귀의 세계는 감사가 없다"고 했고 크리소스톰은 "죄 중의 죄는 감사하지 못하는 것이다"라고 했다. 탈무드에는 "참으로 지혜로운 자는 모든 경우에 있어서 배우는 사람이고, 참으로 강한 자는 자신을 절제할 줄 아는 사람이며, 정말 부자는 자신이 가진 것에 감사할 줄 아는 사람이다"라고 기록되어 있다.

감사는 지혜로운 자가 하는 것이다. 아삽은 "하나님이여 우리가 주께 감사하고 감사함은 주의 이름이 가까움"이라고 하였다(시 75:1). 엄마와 아가가 함께 감사하면서 승리하는 매일이 되기 바란다.

엄마가 들려주는 태담

곱고 고운 나의 아가야!

오늘은 미국의 대통령 가운데 에이브러햄 링컨에 대해 이야기해보려고 한단다.

링컨의 어머니 낸시 행크스는 링컨에게 성경 말씀을 읽어주고 기도를 가르쳐주었단다. 그런데 아홉 살 때 어머니가 돌아가시면서 "늘 성경을 읽고 말씀대로 살아가렴, 하나님을 사랑하고 이웃을 사랑해야 한다"고 마지막 말을 남겼어. 링컨은 어머니의 말씀대로 살아가려고 애썼단다. 링컨은 대통령 취임식을 할 때 낡아 빠진 조그만 성경책을 들고 나와 "어머니가 주신 이 성경책으로 말미암아 오늘의 내가 되었다"고 말했단다. 그러면서 그는 "가장 중요한 건 꿈을 버리지 않는 것"이라고 말했어.

하나님의 말씀은 이처럼 우리의 마음을 새롭게 하는 힘이 있단다. 사랑스러운 아가야, 오늘도 하나님을 기쁘시게 하며 살자.

엄마의 기도

모든 생명의 근원이신 하나님!

아직 태어나지 않은 아기의 존재감이 몸으로, 마음으로 제게 느껴집니다. 제 몸은 점점 커지고 제 심장을 향해 서서히 치받는 압박을 느낍니다. 제 심장을 누르는 제 아기를 향한 사랑 또한 점점 커지고 있습니다. 어제보다 오늘 더 사랑하게 하시고, 내일은 오늘보다 더 사랑하게 하시옵소서.

아기를 향한 사랑이 이렇게 날마다 자라나게 하시고, 하나님께서 저희를 사랑하신 것처럼 제가 태아를 사랑할 수 있도록 은혜를 내려주옵소서.

저희는 하나님의 손길을 덧입지 않고서는 살 수 없는 연약한 존재임을 고백합니다. 그러나 약할 때 강하게 하시어 더욱더 주님의 말씀을 붙들게 하시고, 믿음으로 우리를 붙들어주시어 말씀과 기도로 승리하게 하여주옵소서.

날마다 저희를 돌보시는 예수님의 이름으로 기도합니다. 아멘.

약속의 확신

이 아이를 위하여 내가 기도하였더니 내가 구하여 기도한 바를 여호와께서 내게 허락하신지라 _삼상 1:27

18
복을 주소서

시편 81편 1~2절

우리의 능력이 되시는 하나님을 향하여 기쁘게 노래하며
야곱의 하나님을 향하여 즐거이 소리칠지어다
시를 읊으며 소고를 치고 아름다운 수금에 비파를 아우를지어다

"네 입을 넓게 열라, 내가 채우리라."

옛날에 동양에서는 사랑하는 사람이 오면 그를 위해서 가장 살찐 짐승을 잡아서 제일 맛있는 부분, 영양이 많은 부분의 살을 골라서 '입을 벌리라' 하고 넣어주는 풍습이 있었다고 한다. 이는 옛 풍습에 그치지 않는다. 지금도 사랑하는 사람에게 맛있는 부분을 집어서 그릇에 놓아주어 먹게도 하고, 때로는 직접 입에 넣어주기도 한다. 보기만 해도 사랑이 넘치는 광경이다.

새 둥지 안에 있는 새끼들은 자신이 먹을 것을 찾아 먹지 못하고 어미 새에게 의지해서 살아간다. 부모 새가 먹을 것을 물고 둥지에 오면 새끼 새들은 있는 힘을 다해서 입을 벌린다. 그런데 문제는 입은 다 벌리는데 한 마리에게만 준다는 것이다. 어미 새가 물어온 것이 하나밖에 없기 때문이다. 그러나 무한하신 하나님께서는 벌린 입마다 사람마다 일용할 양식으로 채워주신다.

선교의 아버지로 불리는 윌리엄 케리는 원래 가난한 구두 수선공이었다. 어느 날, 그는 성경을 읽다가 하나님이 선교를 매우 중시하는 것을 깨닫고 세계지도를 구해서 구둣가게에 걸어놓고 각 나라를 위해 기도했다. 그중 특별히 인도를 위해 기도할 때마다 마음이 뜨거워져서 인도 선교를 떠났다. 그는 떠나면서 친구들에게 이렇게 말했다고 한다.

"하나님으로부터 위대한 일을 기대하고, 하나님을 위해 위대한 일을 시도하십시오 (Expect great things from God, attempt great things for God)."

그 말대로 그는 40년 동안 인도 선교사로 사역하면서 인도 선교의 위대한 비전을 이루어냈다. 특히 그가 인도 선교를 잘할 수 있었던 이유는 전신마비로 누워 있었던 누님의 역할이 컸다고 한다. 그가 인도로 떠날 때 "케리! 내가 해줄 것이 아무것도 없구나! 대신 하루도 빼지 않고 기도할게."그래서 케리는 어려움을 겪을 때마다 기도제목을 적어 누님에게 편지를 보냈다. 그러면 누님에게서 답장을 받기 전에 항상 문제가 풀려 있었다고 한다.

이처럼 우리도 하나님으로부터 위대한 일을 기대하고, 하나님을 위해 위대한 일을 시도해야 한다. 큰 꿈과 비전은 무엇보다 소중한 자산이기 때문이다.

알렉산더가 동방정복에 나서기 전에 부하들에게 자신의 영토를 다 나눠주자 한 신하가 말했다. "대왕님! 그러면 대왕님은 아무것도 남지 않습니다."그러자 알렉산더는 "왜 없나? 내게는 희망이 있다"고 답했다고 한다.

우리에게 아무것도 없는 것처럼 보이는 상황 속에서도 "내게는 비전이 있다"고 선포하며 나가야 한다. 미래를 꿈꾸는 사람에게 미래가 있고, 우리 주님은 입을 크게 벌리는 사람에게 더 많은 것을 주시기 때문이다.

사랑스러운 우리 아가야!

구약성경에 나오는 사사 삼손은 하나님께서 힘을 주어서 적군 블레셋 사람들을 물리쳤단다. 그러던 어느 날, 삼손이 길을 가는데 들릴라라는 예쁜 여자가 그를 유혹하자 하나님께서 주신 사명을 잊어버렸어. 지켜야 할 사명을 잊어버리고 유혹에 넘어지고 만 거지.

하나님은 삼손에게 나실인으로서 지켜야 할 사명 3가지를 주셨단다. 하나는 머리에 삭도를 대지 않는 것이고, 둘째는 시체를 멀리하는 것이고, 셋째는 포도주를 먹지 않는 것이었어. 그런데 삼손은 포도주를 마시고 시체를 가까이하면서 나실인의 법을 잊어버리고 말았어.

사랑하는 아가야!

하나님의 말씀을 지키지 못하면 누구든지 유혹에 넘어지게 된단다.

우리 아가는 다음 잠언 말씀처럼 하나님의 말씀을 잘 지키는 사람이 되었으면 좋겠어.

"너의 행사를 여호와께 맡기라 그리하면 네가 경영하는 것이 이루어지리라" 잠 16:3

엄마, 아빠는 우리 아가가 하나님의 말씀을 잘 지켜서 예수님의 사랑 받는 자녀가 되기를 기도한단다.

엄마의 기도

전능하시고 자비로우신 하나님 아버지!

베풀어주신 은혜에 감사를 드립니다.

오늘도 성령님의 은혜로 당신의 자녀들을 불러주시고 인도하심에 존귀와 영광과 찬송을 드립니다.

제 몸은 점점 둔해지고 있습니다. 새로운 생명의 무게가 제 발걸음에서 민첩함을 가져가 제 걸음걸이가 조심스러워짐을 느낍니다.

하루하루 태아는 좁은 세상의 벽, 자궁을 밀어내고, 무한한 생명의 여정을 준비하고 있습니다. 제 움직임이 둔해질수록 제 아기의 움직임은 더욱 활발해집니다. 이제 저는 이 무거움을 감내하고 생활의 반경을 좁혀가면서 제 안에서 똑똑 두드리고 구르며 발로 차기까지 하는 생명을 느낍니다. 저는 두 팔로 배를, 제 아기를 감싸 안으며 미소 짓습니다.

성령님께서 친히 이 시간 저에게 은혜를 부어주시어 태아를 기억하며 예배 드릴 때에 하나님을 만나고 증인으로서의 제 삶을 드리며 살아가는 데 부족함 없도록 축복하여 주옵소서.

우리의 기도를 들어 응답하여 주시고 하나님의 은혜를 풍성하게 내려주옵소서.

사랑이 많으신 예수님의 이름으로 기도드립니다. 아멘.

약속의 확신

항상 기뻐하라 쉬지 말고 기도하라 범사에 감사하라 이것이 그리스도 예수 안에서 너희를 향하신 하나님의 뜻이니라 _살전 5:16-18

19

축복의 샘터가 되게 하소서

시편 84편 1~2, 4절

만군의 여호와여 주의 장막이 어찌 그리 사랑스러운지요 내 영혼이 여호와의 궁정을 사모하여
쇠약함이여 내 마음과 육체가 살아 계시는 하나님께 부르짖나이다
주의 집에 사는 자들은 복이 있나니 그들이 항상 주를 찬송하리이다

　　유대인의 전통적인 아동교육에서 가장 중요한 것이 축복하는 일이라
고 한다. 아이가 태어나면 제일 먼저 축복한다. '바르미츠바(Bar Mitzvah)'
라는 성인식의 절정도 랍비와 부모, 이웃이 모여 어른이 되는 아이를 축복
하는 것이다. 부모는 아이가 학교에 입학할 때 축복한다. 여행을 떠날 때
도, 전장에 나갈 때도 축복한다. 부모가 자신의 인생이 다했다고 느낄 때
그는 마지막으로 자녀를 불러 유언과 같은 마지막 축복을 남긴다. 우리는
모두 축복 속에 태어났으며 축복을 누리고 살다가 축복을 남기고 가야 한
다. 그것이 바로 성경적인 인생이다.

　　영원한 축복은 예수 그리스도의 십자가를 통하여 죄 사함을 받고, 인도
하심을 받으며, 사랑 안에 거하는 것이다. 성령님의 내재로 마음속에 평강

이 있으므로, 얼굴에 영광의 광채가 비추고, 삶에 하나님의 영광이 임하는 것이 진정한 축복인 것이다. 한마디로 하나님은 우리에게 축복의 샘터가 되시는 것이다. 축복의 샘터가 되려면 다음 3가지를 기억해야 한다.

1. 주님 안에서 살 때에 축복의 샘터가 된다.

주의 집은 하나님이 계신 곳이다. 성전은 하나님을 만나는 곳이며(사 6:3~5), 하나님의 영광이 임하는 곳이요(사 60:1), 은혜가 있는 곳이다(히 4:16). 그래서 성경은 "때를 따라 돕는 은혜를 얻기 위하여 은혜의 보좌 앞에 담대히 나아"가라고 말한다(히 4:16). 그러므로 하나님의 집에 거하는 것이 복이다. 성전을 사모하는 마음이 신앙생활의 중심이 되어야 한다. 또한 성전은 말씀의 양식이 있는 곳이다. 그래서 구약의 성도들은 하나님의 집을 항상 사모하면서 성전으로 올라갔다. 그뿐만 아니라 성전은 상처받은 심령이 치유함을 받고 새 힘을 얻는 곳이다.

2. 내 마음이 하나님께로 향할 때에 축복의 샘터가 된다.

시편 84편 5절은 "그 마음에 시온의 대로가 있는 자는 복이 있나이다"라고 말하고 있다. 마음의 대로는 복음을 믿는 마음이다(사 49:11). 이 마음이 하나님을 바라보는 마음이요(시 42:11), 하나님께 소망을 두는 마음이다(시 146:5). 그래서 마음의 대로가 곧 축복인 것이다.

하나님의 자녀는 고난 중에 있다 해도 하나님을 향한 마음의 대로가 있으면 소망 중에 즐거워할 수 있으며, 하나님의 위로와 평강으로 인해 은혜 가운데 거할 수 있다. 우리는 하나님을 사랑하되 마음을 다하고, 성품을 다하고, 힘을 다하여 하나님을 사랑해야 한다.

3. 간절한 기도가 축복의 샘터가 되게 한다.

기도는 반드시 축복의 샘터가 된다. 성경은 "구하라 주실 것이요"(마 7:7), "너는 내게 부르짖으라 내가 네게 응답하겠고 네가 알지 못하는 크고 비밀한 일을 네게 보이리라"(렘 33:3)라고 했다. 불타는 소원을 가지고 기도할 때 하나님은 우리의 소원을 이루어주신다.

엄마가 들려주는 태담

듣고 있니 아가야?

구약 성경에 야곱에게 사랑 받은 요셉이라는 아들이 나오는데. 야곱은 다른 아들들보다도 유난히 요셉을 사랑해서 좋은 옷을 입히고 늘 가까이 두었단다. 그런 요셉을 시기한 형들은 요셉을 애굽 상인에게 팔아버렸지. 그는 애굽에 팔려서 보디발이라는 사람의 집에서 종살이를 했단다. 그렇지만 하나님께서는 요셉에게 은혜를 베풀어주셔서 나중에 애굽의 총리가 되었단다.

사랑하는 아가야! 우리가 말씀대로 살면 하나님께서는 우리를 축복해주신단다. 또한 꿈이 있는 사람은 어떤 어려움이 와도 낙심하지 않는단다. 하나님은 우리에게 이렇게 말씀하셨어.

"너희는 택하신 족속이요 왕 같은 제사장들이요 거룩한 나라 요 그의 소유된 백성이니" 벧전 2:9

우리 예쁜 아가는 요셉처럼 어떤 어려움이 와도 절대 낙심하지 말고 하나님과 동행하여 승리하길 바라.

하나님은 축복의 하나님이시니까 하나님만 의지하자. 알았지? 사랑한다, 나의 아가야!

엄마의 기도

늘 승리를 우리에게 주시는 하나님 아버지!

지금도 우리를 붙잡고 계심에 감사드립니다.

오늘도 저희 부부가 주님 앞에 많은 기도 제목을 가지고 나왔습니다. 하나님께서 이 시간 간섭하셔서 육과 영을 강건하게 하여주옵소서. 지금 임신 중에 있사오니, 건강을 주시고, 피곤함도 없게 하시고, 허리도 아프지 않게 하여주옵소서. 또한 이 자리에 임재하셔서 하나님을 예배하는 데 부족함이 없도록 하셔서 신령과 진정으로 예배하여 성령이 충만하게 하여주옵소서.

또한 출산의 날이 다가올수록 진통이 두렵고 제 아기의 건강에 대해 불안을 느낍니다. 하나님께서 "두려워하지 말라"고 하신 말씀을 믿습니다. 제 안에서 두려움을 없애주시고 주님의 보살핌으로 두려움을 이기고 승리하게 하여주옵소서.

우리가 미처 구하지 못한 것까지도 이루어주실 줄 믿으며 살아계신 예수님의 이름으로 기도합니다. 아멘.

약속의 확신

즐거워하는 소리, 기뻐하는 소리, 신랑의 소리, 신부의 소리와 및 만군의 여호와께 감사하라, 여호와는 선하시니 그 인자하심이 영원하다 하는 소리와 여호와의 성전에 감사제를 드리는 자들의 소리가 다시 들리리니 _렘 33:10b

20

예배의 복을 주소서

시편 95편 1~3절
오라 우리가 여호와께 노래하며 우리의 구원의 반석을 향하여 즐거이 외치자
우리가 감사함으로 그 앞에 나아가며 시를 지어 즐거이 그를 노래하자
여호와는 크신 하나님이시요 모든 신들보다 크신 왕이시기 때문이로다

개인이든 공동체든 인생을 살다 보면 위기를 맞이하게 된다. 그러나 이 위기를 대처하는 방법은 사람에 따라 매우 다양하다. 위기는 개인이나 공동체의 신앙관 혹은 세계관에 영향을 주게 된다. 이때 믿음이 없는 사람들은 '내가 재수가 없어서, 팔자가 안 좋아서 이 일을 당했다' 생각하면서 체념한다. 그러나 자신의 모든 능력을 다하여 기도하면 위기를 기회로 바꿀 수 있다.

다윗은 이런 능력을 가지고 있었는데 그것은 바로 찬양의 능력이다. 다윗은 시적 영감이 뛰어나서 수금과 비파로 찬양을 했다. 수금은 오늘날의 하프에 해당하는 악기다.

다윗이 하프 연주를 얼마나 잘했는지, 사무엘상 16장에 조현병으로 고

생하던 사울이 다윗의 연주에 기분이 나아지는 장면이 나온다.

하나님께서 부리시는 악령이 사울에게 이를 때에 다윗이 수금을 들고
와서 손으로 탄즉 사울이 상쾌하여 낫고 악령이 그에게서 떠나더라

(삼상16:23)

이처럼 그의 연주는 영혼을 어루만져주는 수준이었다.

다윗은 하나님을 찬양하는 이유를 세 가지로 말하고 있다.

첫째, 여호와는 모든 신들 위에 뛰어난 위대한 왕이시기 때문에 찬양해야 한다. 둘째, 하나님께서 만물을 지으셨기 때문에 찬양해야 한다. 셋째, 하나님은 우리를 기르시는 분이기 때문에 찬양해야 한다. 하나님은 우리의 목자이시며 우리를 돌보시는 분이다.

제2차 세계대전이 발발했을 때 대영제국의 왕실은 당시 존경받던 영국 성공회의 대주교 윌리엄 템플(William Temple)에게 대 국민 방송설교를 요청했다. 당시 영국은 나치 독일의 기세에 대항할 만한 객관적 전력을 보유하지 못해 영국 국민들은 싸움을 하기도 전에 패배의식에 사로잡힌 채 두려워하고 있었다. 이런 상황에서 윌리엄 템플이 무슨 말을 할지 온 국민의 관심이 집중되었다. 뜻밖에도 그의 설교는 이렇게 시작되었다.

"대영제국의 국민 여러분, 지금은 우리가 하나님을 예배할 때입니다. 우리가 참으로 하나님을 바라볼 수 있다면 그리고 그 전능자이신 하나님이 우리와 함께하심을 볼 수 있다면 우리가 무엇을 두려워하겠습니까? 내일 이 땅의 모든 교회는 종을 울려주시기 바랍니다. 우리는 역사의 주인이신 하나님 앞에 나아가 무릎을 꿇고 그분을 경배하면서 우리의 죄, 민족의 죄를 회개하고 이제 하나님의 긍휼을 구합시다."

이 설교를 듣고 영국 국민들은 전쟁 가운데 함께하시고 인도하시는 하

나님을 경험할 수 있었다. 이처럼 하나님의 피조물로서 창조주 하나님을 찬양하는 마음이 회복되면, 어떤 상황에서든 평안을 누릴 수 있다. 하나님과의 관계가 회복된 사람은 이웃과의 관계도 회복된다.

엄마가 들려주는 태담

엄마 아빠의 기쁨, 아가야!

바벨론이라는 나라에 다니엘이라는 사람이 있었단다. 다니엘에게는 우정이 돈독한 세 친구가 있었어. 이 네 사람은 믿음에 있어서도 항상 마음이 통했던 친구였단다.

바벨론 느부갓네살 왕은 전쟁을 통해서 아주 똑똑한 아이들을 모았어. 그 아이들을 바벨론으로 데려가서 공부를 시켜 자신을 위해 일하게 만들었지. 그래서 다니엘과 세 친구도 바벨론에 오게 된 거였어. 다니엘과 세 친구는 공부만 열심히 한 것이 아니라 신앙생활도 열심히 했어. 믿음이 대단했단다.

다니엘과 친구들은 자신들에게 주어지는 왕의 음식들을 먹지 않고 신앙을 지키겠다고 환관장에게 뜻을 밝혔단다. 당시 왕의 음식은 다른 신(우상)에게 바쳐진 음식이었거든. 환관장이 곤란해하자 다니엘은 10일 동안 자신들을 채식만 하게 하여 얼굴을 비교해보라고 청했어. 그런데 10일 후 다니엘과 친구들의 얼굴이 왕의 음식을 먹는 다른 소년들보다 더 좋았단다. 그래서 계속 신앙을 지킬 수 있었어.

사랑하는 예쁜 아가야!

하나님께서는 하나님을 위해 뜻을 정하고 사는 사람들을 어떠한 어려움 속에서도 지켜주신단다. 우리 예쁜 아기도 다니엘과 같은 믿음을 가졌으면 좋겠다. 꼭 그렇게 되겠지?

엄마가 부탁한다. 사랑한다.

엄마의 기도

은혜와 사랑의 하나님 아버지!

주님께 영광과 찬양을 드립니다. 오늘도 거룩한 날을 허락하시어 이렇게 인도하여 주시니 감사드립니다. 우리의 생명과 가족과 교회를 보호하여 주시고, 어렵고 힘든 세상에서 승리하며 기쁘게 살아갈 수 있도록 용기를 주시니 감사합니다.

저에게 특별한 은혜를 부어주시고 하나님께 영광 돌리면서 살게 하여주옵소서. 저희 가정에 복을 주시어 물질도 주시고, 지혜도 주시고, 형통함도 주옵소서. 그러나 그렇지 않더라도 늘 감사하며 살게 하여주옵소서.

또한 저희가 하나님이 주신 선물에 감사하며 부모로서의 그 책임을 잘 감당하는 엄마와 아빠가 되게 하여주옵소서.

앞으로 저에게 성령의 기름 부음을 허락하시고 성령 충만하게 하여주옵소서.

예수님의 이름으로 기도합니다. 아멘.

약속의 확신

그러나 여자들이 만일 정숙함으로써 믿음과 사랑과 거룩함에 거하면 그의 해산함으로 구원을 얻으리라 _딤전 2:15

복 있는 가정

"할렐루야, 여호와를 경외하며
그의 계명을 크게 즐거워하는 자는 복이 있도다
그의 후손이 땅에서 강성함이여
정직한 자들의 후손에게 복이 있으리로다"

_ 시편 112편 1-2절

복음을 위해 일한 인물 존 웨슬리는 물질주의의 확산이 일어날 때
아래 세 가지 원칙을 지키라고 했다.
"할 수 있는 한 많이 버십시오, 할 수 있는 한 많이 저축하십시오,
할 수 있는 한 많이 주십시오."
자녀가 많이 주는, 베푸는 삶을 살기를 바라지 않는 부모는 없을 것이다.
주의 말씀을 가르치는 일은 베푸는 삶을 살게 되는 첫 번째 단계다.

성경은 주의 교양과 훈계로 양육하라고 가르친다(엡 6:4).
주의 교양은 부모가 본을 보여서 가르치는 것이다.
부모가 주의 말씀대로 살려는 모습을 보일 때
자녀 또한 그 모습을 본받아 주님과 가까이 교제하는 삶을 살게 된다.
그렇게 믿음의 가정이 이루어지는 것이다.

PART 5

기쁨으로
찬양합니다

감사와 찬양으로 인도

21

새 노래로 찬양하게 하소서

시편 96편 1~3절

새 노래로 여호와께 노래하라 온 땅이여 여호와께 노래할지어다
여호와께 노래하여 그의 이름을 송축하며 그의 구원을 날마다 전파할지어다
그의 영광을 백성들 가운데에, 그의 기이한 행적을 만민 가운데에 선포할지어다

3중고(三重苦)의 어려움을 극복하고 승리한 헬렌 켈러가 쓴 '행복과 감사'를 위한 시가 있다. 이 시를 보면 너무 애절하다.

맹인인 나는 맹인이 아닌 당신에게 한 가지 힌트밖에 줄 수 없다.

내일이면 장님이 될 사람처럼 당신의 눈을 사용하라.

다른 감각에 대해서도 마찬가지다.

마치 내일이면 귀머거리가 될 사람처럼

그렇게 새들의 노랫소리를 듣도록 하라.

마치 내일이면 다시는 아무것도 못 만지게 될 사람처럼

모든 것을 만지며 그 촉감을 즐기도록 하라.

마치 내일이면 아무 냄새도 맡지 못하게 될 사람처럼

그렇게 꽃의 향내를 맡고 음식의 냄새를 맡도록 하라.

날마다 감사하는 생활을 하기 위해서는 몇 가지 선행 조건이 필요하다.

1. 매사 감사의 조건을 찾아야 한다.

마틴 루터는 이런 말을 했다. "감사하는 마음에 하나님이 거하시고 불평하는 마음에 마귀가 거한다. 축복은 감사의 문으로 들어왔다가 불평의 문으로 나가버린다. 감사하면 감사할 조건이 또 오고 불평하면 불평할 수밖에 없는 조건이 또 오게 될 것이다." 감사하는 마음은 언제나 감사의 조건을 찾기 때문이다.

2. 은혜를 잊지 말아야 한다.

은혜를 아는 사람은 행복한 사람이다. 그래서 다윗은 "내 영혼아 여호와를 찬송하여 그 모든 은택을 잊지 말지어다"라고 하였다(시 103:2). 하나님의 은혜를 잊지 않아야 감사하는 자가 될 수 있다.

3. 믿음이 있어야 한다.

사도 바울은 로마서 1장에서 불신 세계의 특색에 대해 말할 때 두 가지로 말했다. "하나님을 알되 하나님을 영화롭게 아니하며 감사하지도 아니" 한다(롬 1:21).

감사는 외부적인 조건에 있지 않고 내부에 있다. 수치가 아닌 마음의 기준이기 때문이다. 여유의 유무가 아닌 믿음의 여부에 달렸기 때문이다.

영국의 목회자 브래드 포드는 영국 메리 여왕에게 핍박을 받으면서도 말하기를 "왕이 나를 놓아주어도 감사하겠고 나를 불에 태워 죽여도 감사하겠습니다"라고 하였다. 이래도 감사요, 저래도 감사란 고백이다. 참으로 브래드 포드는 모든 역경 가운데서도 감사했던 사람이었다. 지금도 감사의 말, 감사의 기도는 놀라운 기적을 일으키는 힘이 있다.

범사에 감사하라 이것이 그리스도 예수 안에서 너희를 향하신 하나님의 뜻이니라 (살전 5:18)

엄마가 들려주는 태담

찬란한 빛, 아가야!

헨델이라는 작곡가가 있었단다. 오라토리오 〈메시야〉를 쓴 프레드릭 헨델은 많은 오페라를 작곡했지만 큰 성공을 거두지 못했어. 몇 편의 가극이 실패하고 그의 라이벌 보논치니의 쉴 새 없는 공격으로 거의 파산 지경에 봉착했을 때 '헨델은 이제 끝났다'는 소문이 런던에 파다했단다.

그때 하나님께서 능력을 주셔서 작곡한 것이 〈메시야〉라는 곡이었어. 작곡하는 23일간 무릎을 꿇고 하나님께 영적인 힘을 달라고 울부짖었단다. 그때 합창곡인 제44번 '할렐루야'의 작곡을 완성했단다. 그는 눈물을 흘리며 "내 앞에 천국이 나타난 것을 보았다. 그리고 나는 위대하신 하나님을 보았다. 오! 주여, 주여"라고 외쳤대. 헨델은 모든 악보를 완성한 후 "오, 하나님이 나를 찾아오셨구나"라고 찬송했단다.

우리 아가도 이렇게 좋은 재능을 하나님께 받아서 은사가 넘치는 사람이 되게 해달라고 기도하자. 엄마는 하나님께 네게 지성, 감성, 건강, 평안을 달라고 매일 기도한단다. 사랑한다. 아가야.

엄마의 기도

사랑과 위로의 하나님 아버지!

오늘 이 시간까지도 인도하여주시고 보호하여주시니 감사드립니다. 저희가 하나님의 은혜를 기억하면서 산다고 해도 순간순간 하나님의 은혜와 사랑을 잊어버리고 살 때가 많았음을 고백합니다.

또한 하나님을 의지하지 않고 우리 주장만을 내세우면서 살 때가 많았습니다. 이 시간 주님을 의지하지 않고 살았던 죄, 내 주장만 고집했던 죄를 용서하여 주옵소서. 우리가 알고 지은 죄, 모르고 지은 죄를 용서하여 주옵소서.

사랑의 하나님!

제 아이가 태어날 때까지 얼마나 많은 날들이 남아 있는지 헤아려보곤 합니다. 임신 기간 동안 죄악에서 멀리 떠나 주님의 풍성한 은혜를 맛보게 해주세요.

우리를 구원하신 예수님의 이름으로 기도합니다. 아멘.

22

찬양의 위력을 주소서

시편 100편 1~3절

온 땅이여 여호와께 즐거운 찬송을 부를지어다 기쁨으로 여호와를 섬기며 노래하면서
그의 앞에 나아갈지어다 여호와가 우리 하나님이신 줄 너희는 알지어다
그는 우리를 지으신 이요 우리는 그의 것이니 그의 백성이요 그의 기르시는 양이로다

　전 세계 어느 민족이나 어린아이가 태어나서 말을 배울 때가 되면 '엄마, 아빠'라는 말을 제일 먼저 가르친다. 그다음에는 '고마워요. 감사해요'라는 말을 가르친다. 이 세상을 살아가는 데 반드시 필요한 언어가 엄마 아빠이기 때문이다.

　엄마, 아빠라는 말은 아이들이 힘들 때 부를 수 있는 최초의 언어이며 아이들에게 새 힘을 주는 말이다.

　아이에게 엄마, 아빠라는 말이 힘이듯 예수 믿는 우리에게 힘이 되는 것은 찬송이다. 찬송을 통해서 우리는 새 힘을 얻는다. 그런데 감사와 찬양을 하려면 힘이 든다. 설교를 들을 때는 '아, 오늘부터 감사하고 찬양하며 살아야지' 그러다가 버스만 타면 다 잊어버린다. '왜 나는 이 모양이지. 아

무리 노력하고 애를 써도 안 될까' 탄식을 한다. 그 이유는 우리의 조상 아담과 하와가 타락한 이후로 우리에게 죄악된 습성을 전해주었기 때문이다.

세계적인 긍정심리학자 마틴 셀리그만 박사는 물질이 주는 만족을 '바닐라 아이스크림'에 비유한다. 물질적인 기쁨이란, 처음에는 아주 맛있지만 점점 녹아서 별맛을 느끼지 못하게 되는 바닐라 아이스크림과 같다는 뜻이다. 물질적인 행복도 그런 것이다. 좋은 집을 짓고, 좋은 옷을 입고, 좋은 음식을 먹는 것, 처음에는 굉장히 좋다. 그러나 얼마 지나지 않아 시시해지곤 한다. 나중에는 별 감격이 없다.

캘리포니아 데이비스대학교 심리학과 로버트 에먼스 교수와 마이애미대학교 심리학과 마이클 매컬로프 교수가 '감사와 심리적 변화'에 대한 연구 결과를 발표한 적이 있다. 그에 따르면 사람들이 감사하고 찬송하며 웃으며 지내면 삶을 더 행복하게 느낀다고 한다.

빌헬름 웰러는 "가장 행복한 사람은 가장 많이 소유한 사람이 아니라, 가장 많이 감사하는 사람이다"라고 말했다.

M. J. 라이언은 《감사》라는 책에서 인생을 변화시키는 힘에 대하여 이렇게 말한다. "감사하면 기쁨이 넘치며, 언제나 생기가 있고, 우울증이 치유된다. 감사하면 건강해지고, 걱정 근심이 없어지며, 매력적인 사람이 되고, 고통과 분노가 사라지며, 부족함을 받아들일 수 있다. 감사하면 공허하지 않으며, 지금 이 순간이 소중하게 되고, 상처받더라도 사랑하며, 무엇이든지 나누어주고 싶어진다. 감사하면 모든 생명과 교감을 하게 되며, 평범한 일상도 은총으로 받아들이게 된다."

존 템플턴은 《열정》에서 감사의 생활을 실천할 방법에 대해 이렇게 말했다. 첫째, 감사할 대상을 찾아 칭찬하고 감사의 마음을 전하라. 둘째, 우리가 열망하는 좋은 일이 실제로 일어나기 전에 미리 감사부터 하라. 셋째,

우리에게 닥친 문제와 도전 과제에 감사하라.

감사와 찬양은 내 자신의 삶을 행복하고 발전적으로 변화시키고 성공적인 삶으로 이끌며 이웃과 함께 협력하며 잘 살게 만드는 힘이 있다. 그 무엇보다도 하나님과 우리 주 예수님을 기쁘시게 하고 영화롭게 하는 것이 감사와 찬양을 하는 삶인 것이다.

엄마가 들려주는 태담

큰 꿈을 꾸게 될 아가야!

지난번 요셉 이야기를 해준 것 기억하지? 어느 날 요셉이 잠을 자는데 꿈을 꾸었단다. 들판에 볏단들이 모여 있는데, 요셉의 볏단이 중간에 있고, 그 주위로 형들의 볏단이 모여 서더니 형들의 볏단이 요셉을 향해서 넙죽 절을 했단다. 참 이상한 꿈이었지. 다음 날 요셉은 형들에게 "형님들, 들어보세요. 어젯밤에 내가 꿈을 꾸었는데 형님들의 볏단이 내 볏단을 향해서 절을 했어요"라고 말했어. 형들은 그 이야기를 듣고 기분이 아주 나빴단다. 요셉은 또 꿈을 꾸었어. 이번에는 어떤 꿈일까? 요셉의 별이 있는데 그 주위에 해와 달 그리고 열한 개의 형제 별들이 둘러서서 요셉의 별에게 절을 하는 거야. 그런데 먼 훗날 요셉이 애굽의 총리가 되어 정말 형들에게 절을 받게 된단다.

우리 예쁜 아기도 하나님을 기쁘시게 하는 큰 꿈을 가진 사람이 되었으면 해.

엄마의 기도

거룩하시고 자비로우신 하나님 아버지!

우리를 푸른 초장으로, 쉴 만한 물가로 인도하여 주시니 감사드립니다. 지금 이 순간도 선한 목적과 섭리 가운데 우리를 보호하시고 하나님의 크신 사랑으로 인도하여 주시니 감사합니다.

이 시간에도 생명을 주시는 하나님을 찬양합니다.

사랑의 주님!

가끔씩 아이가 꼼지락거리고 배를 발로 차고 있습니다. 제 아기의 움직임을 느낄 때면 저를 둘러싸고 있는 온갖 생명의 영역에서 창조의 힘을 다시금 생각하게 됩니다. 작은 기쁨 속에서 큰 기쁨을 만들어가게 하시고, 내 마음과 내 주변에서 일어나는 좋은 일들이 각 방향으로 흘러갈 수 있도록 인도해주옵소서.

오늘도 하나님의 임재를 체험하는 귀한 시간이 되게 하여주옵소서.

사랑이 많으신 예수님의 이름으로 기도합니다. 아멘.

약속의 확신

듣는 자가 다 목자들이 그들에게 말한 것들을 놀랍게 여기되 마리아는 이 모든 말을 마음에 새기어 생각하니라 _눅 2:18-19

23

감사하며 살게 하소서

시편 104편 14~15절
그가 가축을 위한 풀과 사람을 위한 채소를 자라게 하시며 땅에서 먹을 것이 나게 하셔서
사람의 마음을 기쁘게 하는 포도주와 사람의 얼굴을 윤택하게 하는 기름과
사람의 마음을 힘 있게 하는 양식을 주셨도다

시편 104편은 지은이가 기록되어 있지 않고 제목도 붙어 있지 않다. 그러나 지은이는 다윗으로 추정된다.

시편 103편에는 "다윗의 시"라는 제목이 붙어 있는데 104편에 지은이가 붙어 있지 않는 이유는 104편은 103편에 연결된 시이기 때문으로 추측하고 있다.

만약 필자에게 시편 104편에 제목을 붙이라고 하면 '우주만물을 창조하시고 주관하시는 하나님의 사랑과 권능에 대한 찬양'이라고 붙이고 싶다. 그 이유는 하나님에 대한 감사 찬송이 주제이기 때문이다.

그러면 우리는 무엇을 하나님께 감사해야 할까?

1. 구원받은 은혜에 대해 감사해야 한다.

1849년 봄, 러시아 대문호 도스토예프스키가 '페트로세프스키'라는 사건에 휘말려서 사형선고를 받고 총살을 기다리고 있었다. 그런데 총살 직전에 대통령의 특사가 달려와 죽이지 말라는 명령을 전했다. 1분만 늦었어도 그는 죽었을 것이다. 순간을 다투고 있는 상황 속에서 특사가 가져온 메시지는 자유, 곧 구원이었다. 도스토예프스키는 남은 생 동안 이 사건을 어떻게 기억하며 살았을까? 새로 주어진 삶에 감사와 감격이 넘치지 않았을까?

이는 하나님께서 우리에게 주신 은혜와 같다.

하나님은 죽을 수밖에 없는 우리에게 독생자 예수 그리스도를 보내셔서 그분을 믿는 것이 곧 하나님을 믿는 것이며, 그분을 믿으면 영원한 자유를 주신다고, 즉 구원해주신다고 하셨다. 그 사실을 믿는 사람은 하나님 앞에 감사하는 삶을 살지 않을 수 없다.

2. 만물을 주신 하나님께 감사해야 한다.

시편의 기자는 하늘이 빛으로 가득 채워진 것에 감사하며, 바다에 물을 많이 주신 것과 구름이 떠다니는 것, 바람이 부는 것, 불꽃 가운데 하나님이 역사하시는 손길 모두를 신기한 눈으로 바라보면서 감사했다.

우리가 하나님 앞에 은혜를 받고 나면 만물을 보는 눈이 열린다. 전에는 의미 없이 바라보았던 하늘이 너무나 아름답게 보이고, 의미 없이 바라보았던 산들이 아주 경이롭게 보인다.

전에는 그냥 무심코 지나쳤던 길가의 잡초들이 새롭게 보인다. 하나님께서 영의 눈을 열어주시면 생명에 대한 감사가 나오기 때문이다. 감사가 있는 사람들 안에는 세상 만물이 예쁘게 보이고, 어린아이도 아주 사랑스

러워 보인다. 어떤 사람의 얼굴을 보아도 아름답다고 느낀다. 다름 아닌 그
것이 감사다.

듣고 있니 아가야?

사랑하는 아가야!
신앙이 우리의 삶에 바탕이 되는 기도를 배우자.
어느 날 예수님의 제자들이 질문했단다. "예수님! 우리에게도 기도를
가르쳐주세요. 요한의 제자들은 스승에게 기도를 배워 잘 하는데 저희는
잘 몰라요."
그때 예수님께서 이렇게 기도하라고 가르쳐주었단다.

하늘에 계신 우리 아버지여 이름이 거룩히 여김을 받으시오며
나라가 임하시오며 뜻이 하늘에서 이루어진 것같이 땅에서도 이
루어지이다. 오늘 우리에게 일용할 양식을 주시옵고, 우리가 우
리에게 죄 지은 자를 사하여 준 것같이 우리 죄를 사하여 주시옵
고, 우리를 시험에 들게 하지 마시옵고 다만 악에서 구하시옵소
서. (나라와 권세와 영광이 아버지께 영원히 있사옵나이다. 아멘)

아가야, 너무 좋은 기도지? 이 기도를 매일 암송하면 좋겠다.
예수님께서 가르쳐주신 주기도문이야.
기도하면서 오늘도 승리하자. 사랑한다.

엄마의 기도

생명의 근원이 되시는 하나님 아버지!

은혜와 사랑을 생각할 때마다 감사드립니다. 태의 열매를 주셔서 가정에 기쁨 주시니 감사드립니다. 힘들 때마다 몸에 건강함을 주시고, 성령님께서 순간순간 권고하여 주심으로 오직 하나님을 바라보며 육체적으로 힘들지 않도록 붙들어주옵소서.

특별히 가족과 주위 사람들의 많은 사랑과 이해와 배려가 필요한 때입니다. 만삭이 되어서 출산할 때까지 저에게 평안을 허락하여 주시고, 태중의 아기도 잘 자라게 하시어 건강하고 튼튼하게 태어나게 인도하여 주옵소서. 사랑하는 자녀로 인하여 하나님께는 영광이요, 가정에는 기쁨이 되게 하여주옵소서.

임마누엘 되신 예수님의 이름으로 기도드립니다. 아멘.

약속의 확신

보라 처녀가 잉태하여 아들을 낳을 것이요 그의 이름은 임마누엘이라 하리라 하셨으니
이를 번역한즉 하나님이 우리와 함께 계시다 함이라 _마 1:23

24

감사하며 찬양하게 하소서

시편 105편 1~4절

여호와께 감사하고 그의 이름을 불러 아뢰며 그가 하는 일을 만민 중에 알게 할지어다
그에게 노래하며 그를 찬양하며 그의 모든 기이한 일들을 말할지어다
그의 거룩한 이름을 자랑하라 여호와를 구하는 자들은 마음이 즐거울지로다
여호와와 그의 능력을 구할지어다 그의 얼굴을 항상 구할지어다

세계에서 자기가 사는 곳에 제일 만족을 느끼며 사는 사람들이 발리 사람들이라고 한다. 발리섬에 사는 사람들은 이곳이 지상에서 가장 좋은 천국과 같은 곳임을 느끼며 살기에 신혼여행을 다른 곳으로 가지 않을 정도다. 이런 이야기를 듣고 미국 노만 핀센트 필(Noman Vincent Peale) 목사가 직접 발리섬을 찾아가 조사하여 보았다. 그랬더니 정말 발리 사람들은 행복을 느끼며 만족하며 살고 있었다. 큰 산업 시설이나 재미있는 오락시설도 없는 섬이었다. 그런데 그들은 다음과 같은 자세로 살고 있었다.

❶ 우리는 가진 것이 없습니다.(We have nothing)

❷ 우리는 단순하게 삽니다.(Our life is simple)

❸ 우리는 서로 좋아합니다.(We like each other)

❹ 우리는 먹을 것이 충분합니다.(We have enough to eat)

❺ 우리는 세계에서 제일 아름다운 섬에서 만족하며 살고 있습니다.

(We live and have a satisfaction on a beautiful island)

하나님은 우리의 영혼을 만족시키시는 분이다. 무엇을 만족시켜 주실까? 생각해보면 하나님은 소원하는 이의 영혼을 만족시켜 주신다. 또한 우리의 소원을 만족시켜 주시는 분이다. 아무리 어렵고 힘든 상황이라 할지라도 하나님은 소원을 만족시켜 주신다.

제1차 대전의 영웅인 프랑스의 포크 사령관(Marshal Foch) 이야기다. 그는 일선에서 이런 보고를 본부에 전했다. "중앙진지는 조금 양보했음. 왼편 진지에서는 후퇴했음. 상황은 아주 좋음. 우리는 공격하고 있음."

모순 같은 보고다. 사방이 무너지고 있는데 포크 사령관은 공격 중이며 상황이 아주 좋다고 보고하고 있다. 소원을 만족케 하여주시는 하나님을 믿었기 때문이다.

또 다른 이야기를 보자. 어느 낚시꾼이 하루종일 강가에서 낚시질을 하고 있었다. 저녁이 되자 어떤 사람이 찾아가서 물었다. "얼마나 잡으셨습니까?" 낚시꾼은 이렇게 대답하였다.

"가만히 계십시오. 지금 찌를 물고 있는 저 고기를 잡고, 두 마리를 더 잡으면 세 마리 잡는 것입니다."

조금도 실망하지 않고 소원을 간직하고 사는 사람은 만족하는 사람이다.

한때 미국에서 가장 많이 사용한 선전 문구가 있다. '만족을 드립니다' '만족을 보장합니다'가 그것이다. 하나님은 예수 그리스도를 믿는 자의 영혼을 만족시켜 주신다. "네 믿음대로 될지어다."

우리가 예수님과 하나가 되면 우리의 영혼을 만족시켜 주신다. 하나님은 기도하는 사람을 결코 실망시키시지 않는다.

아름다운 아가야!

바벨론에 포로로 잡혀온 다니엘에 대해 이야기한 적 있지? 다니엘은 지혜가 있고 믿음이 있어서 총리가 되었는데 그것을 시기한 대신들이 다니엘을 넘어뜨리기 위해 다른 신에게 기도하는 사람을 사자 굴에 넣자고 했단다. 그럼에도 다니엘은 하나님과 약속한 하루에 세 번 기도하는 것을 멈추지 않고 지켜 행했단다.

결국 다니엘은 사자 굴에 들어가게 되었지. 사자 굴에는 배고픈 사자들이 으르렁거리고 있었어. 다니엘이 사자 굴에 들어갔다는 말을 들은 왕은 밤새 한숨도 자지 못하고 먹지도 못한 채 다음날 날이 밝자마자 다니엘을 찾아갔단다. 그때 왕이 "다니엘아!"라고 부르니 다니엘이 대답했어. "폐하, 오래오래 사시기 바랍니다." 왕은 다니엘이 살아 있는 것을 확인하고 너무나 기뻐서 다니엘을 모함한 사람들을 다니엘 대신 사자 굴에 넣었어. 어때? 다니엘의 믿음과 용기가 참 멋지지?

우리 예쁜 아가도 이런 믿음을 갖게 해달라고 기도하자.

엄마의 기도

모든 생명의 창조주 되시는 하나님 아버지!

우리 가정에 귀한 새 생명 주심을 감사드립니다. 사랑의 하나님께서 허락하신 생명은 하나님의 섭리인 줄 믿습니다. 태아가 엄마의 복중에 있는 동안 하나님의 뜻하신 대로 건강하게 잘 자라게 하시고 생명을 잉태한 우리에게 은혜를 더하여주옵소서.

또한 태아가 말씀을 사모하며 아름다운 뜻을 품어 선한 성품을 가진 아이가 되게 하여주옵소서. "여호와를 자기 하나님으로 삼는 백성은 복이 있도다"라고 하였사오니 우리 온 가정이 하나님만 섬기게 하시고 우리 가정에 은혜를 날마다 내려주옵소서.

물질의 복도 허락하셔서 우리 가정을 가난하게도 마옵시고 부하게도 마옵시고 오직 필요한 양식으로 채워 주옵소서.

예수님의 이름으로 기도합니다. 아멘.

약속의 확신

예수 그리스도의 나심은 이러하니라 그의 어머니 마리아가 요셉과 약혼하고 동거하기 전에 성령으로 잉태된 것이 나타났더니 _마 1:18

25

범사에 감사하게 하소서

시편 107편 8~9절
여호와의 인자하심과 인생에게 행하신 기적으로 말미암아 그를 찬송할지로다
그가 사모하는 영혼에게 만족을 주시며 주린 영혼에게 좋은 것으로 채워주심이로다

에릭 블루멘탈의 《1% 더 행복해지는 마음 사용법》에 나오는 이야기다.

"지금 이 순간, 당신 주변의 사람들을 떠올려 보세요. 그 사람들이 얼마나 소중하고, 나는 그 사람들을 얼마나 아끼고 사랑하는지, 그리고 그 사람들에게 얼마나 많은 마음의 빚을 갖고 있는지 찬찬히 생각해보세요. 사랑만 해도 모자랄 시간에, 작고 사소한 것 때문에, 혹은 나의 알량한 자존심 때문에 다투고 화내고 고함치며 서로 미워하기라도 하는 것처럼 으르렁댔던 그 순간들을요."

우리는 모두 빚진 자다. 주변 사람에게서 받은 도움, 내가 진 빚이다. 내가 받은 사랑, 내가 진 큰 빚이다. 이제 조금씩 갚으며 살아야 한다. 이런 마음이 감사다.

시편 107편은 "여호와께 감사하라"는 명령으로 시작하고 있다. 이 말씀은 명령이다. 감사는 해도 좋고 안 해도 좋은 것이 아니다. 감사할 수 없는 조건에서도 감사해야 한다. 왜 그럴까?

1. 구속하신 은혜 때문이다.

이스라엘은 외세로부터 많은 어려움을 당했다. 그들은 430년 동안 애굽에 의해 어려움을 당했다. 또한 70년 동안 바벨론에 의해 어려움을 당했다. 그뿐 아니라 블레셋, 미디안, 암몬, 모압, 앗수르 등에 의해 많은 어려움을 당했다. 이스라엘이 수많은 어려움 가운데에서도 구원을 받고 구속을 받았던 것은 구속하신 하나님의 은혜에 감사하는 민족의 고백과 기도가 있었기 때문이다.

1820년 뉴욕에서 태어난 크로스비(Fanny J. Crosby)는 태어난 지 6개월 만에 가정부의 불찰로 약을 잘못 먹어 눈이 멀게 되었다. 그러나 그녀는 어려서부터 할머니가 들려주는 성경 이야기를 듣고 영의 눈이 열려 신령한 노래를 많이 썼다. 그는 아홉 살 때 기도하기를 "만약에 하나님이 나에게 시력을 허락해 주신다 해도 나는 안 받으렵니다. 하늘나라에 가면 밝은 눈을 주실 터인데, 세상에서 더럽혀지지 않은 깨끗한 눈으로 우리 주님의 얼굴을 보렵니다"라고 했다. 그리고 말하기를 "나는 내 눈을 멀게 한 그 사람을 만난다면 그에게 한없는 감사를 드리겠다"고 했다. 그녀는 하나님의 은혜와 사랑을 받은 후, 불평과 원망 대신 감사와 자족의 생활을 했다.

그녀는 무려 9,000여 편에 달하는 찬송시를 지었다. 그녀가 지은 아름다운 찬송시가 찬송가에 24곡이나 실려 있다. 그중 대표곡은 "예수로 나의 구주 삼고 성령과 피로써 거듭나니 이 세상에서 내 영혼이 하늘의 영광 누리도다. 이것이 나의 간증이요, 이것이 나의 찬송일세. 나 사는 동안 끊임

없이 구주를 찬송하리로다"라는 가사로 유명한 〈예수로 나의 구주 삼고〉
이다. 눈은 보이지 않아도 구속한 주만 보인다는 감사와 찬양의 고백이다.

2. 인도하심 때문이다.

하나님께서는 우리를 가장 적합한 길, 가장 합당한 길로 이끄신다. 비
록 우리가 하나님의 인도와 섭리를 이해하지 못할 때도 있지만, 주님은 합
력하여 선으로 인도하신다. 여기까지 인도된 인생, 하나님이 지으신 세상
안에서 참으로 기뻐하며 하나님의 사랑의 선물들을 누리며 살게 하시니
매순간 감사하자.

엄마가 들려주는 태담

듣고 있니 아가야?

오늘은 요나 선지자에 대해 이야기해줄게. 하나님은 요나라고 하는 선
지자를 불러서 "니느웨로 가서 복음을 외치라. 그들이 죄를 많이 지어 심
판해야겠다"라고 하셨어. 그렇지만 요나는 가기 싫어서 다시스 라는 곳으
로 가는 배를 탔어. 그런데 바다에 풍랑이 일더니 배를 집어삼키려고 하
는 거야. 선장은 누구 때문에 풍랑이 일어났는지 알기 위해 제비를 뽑았
고, 요나가 뽑혔지. 결국 요나는 바다에 던져져 큰 물고기 배 속으로 들어
가게 됐지. 그는 물고기 배 속에서 회개했어. 하나님께서는 요나를 토해
내게 하셨고 요나는 그때부터 하나님이 말씀하신 대로 선포했어. 그랬더
니 니느웨 사람들이 모두 금식하고 회개하여 하나님의 백성이 되었단다.

"여호와의 말씀은 정직하며 그가 행하시는 일은 다 진실
하시도다" 시 33:4

아가야! 우리도 하나님의 말씀대로 살자.

엄마의 기도

새 생명을 창조하신 하나님!

부부로 한 몸을 이루게 하시고 생육하고 번성하라고 하신 하나님의 창조 명령대로 저희 가정에 새 생명을 허락하심을 감사드립니다.

생명의 주인이신 하나님! 저희 아기를 하나님의 손에 맡깁니다. 새 생명을 주신 이가 하나님이시오니 앞으로 아기가 건강하게 성장하도록 은혜를 베풀어주옵소서. 태아를 붙잡아주셔서 건강하게 신경계, 혈액계, 순환계가 형성되게 하옵소서. 아빠와 엄마의 가장 예쁜 부분만을 닮게 하시고 가장 아름다운 모습으로 형성되게 하시옵소서.

하나님!

저희 부부가 새 생명을 잉태한 기쁨과 감사의 마음으로 태아의 성장에 필요한 영양분과 산소를 잘 공급할 수 있게 하시옵소서. 저희 부부가 날마다 하나님만을 찬양하며 의지하게 하옵소서.

거룩하신 예수님의 이름으로 기도합니다. 아멘.

약속의 확신

너희가 섬길 자를 오늘 택하라 오직 나와 내 집은 여호와를 섬기겠노라 _수 24:15b

태의 기업으로 받은 가정의 복

"보라 자식들은 여호와의 기업이요
태의 열매는 그의 상급이로다"

_ 시편 127편 3절

인간은 성공을 위해 노력한다.
하지만 원하던 성공을 이루어도 공허할 수 있으며,
공들여 쌓은 성공이 하루아침에 무너지기도 한다.
솔로몬은 여호와께서 집을 세우지 아니하시면,
여호와께서 성을 지켜주시지 아니하시면,
여호와께서 성을 지켜주시지 아니하시면,
아무것도 아니라는 것을 깨달았다.

아무리 훌륭한 건축가들이 머리를 맞대어
아름다운 건물을 지었다 할지라도
하나님이 함께하시지 않으면 견고히 세워지지 않는다.
수백, 수천 명의 보초가 지켜도 하나님이 지켜주시지 않으면
그 파수꾼이 깨어 있는 것이 헛된 일이다.
우리의 자녀도 마찬가지다.
내 마음대로 할 수 있는 소유물이 아니라 하나님의 선물임을 알아야 한다.
어려도 존중하고 하나님의 뜻대로 키워야 한다.
자녀는 하나님의 축복이요, 선물이기 때문이다.

6
PART

영원토록
하나님을
찬양합니다

하나님의 형상

26

영원토록 찬양하게 하소서

시편 113편 1~2절

할렐루야, 여호와의 종들아 찬양하라 여호와의 이름을 찬양하라
이제부터 영원까지 여호와의 이름을 찬송할지로다
해 돋는 데에서부터 해 지는 데에까지 여호와의 이름이 찬양을 받으시리로다

사람이 사는 목적이 무엇입니까? 라고 묻는다면 우리는 "오직 하나님의 영광을 위하여"라고 고백해야 한다. 우리가 드리는 예배는 소중하다. 예배의 시작은 하나님의 말씀을 듣는 것이고, 예배의 마무리는 말씀대로 실천하는 것이다. 그러면 기도는 무엇인가? 우리의 형편을 전능하신 하나님께 고백하는 것이다. 찬양은 하나님을 높이는 것이다. 성경에 하나님께 찬양하라는 말이 400번 이상 나온다. 찬양은 내가 하고 싶으면 하고, 하기 싫으면 안 하는 것이 아니다. 찬양은 하나님의 명령이다. 성경은 왜 찬양을 해야 하는지 3가지로 말한다. 첫째는 하나님을 기쁘시게 하기 위함이며, 둘째는 믿음의 표현이며, 셋째는 찬양은 능력이기 때문이다.

존 웨슬리는 미국 사람들에게 복음을 전하기 위해 부푼 꿈을 안고 오클

레소프 장군이 이끄는 조지아주 이민단의 소속 목사로, 1735년 10월 타이몬트호를 타고 대서양을 건너게 되었다. 그때 갑자기 불어닥친 폭풍으로 인하여 모든 사람이 두려움에 떨게 되었다. 그때 어디선가 들려오는 찬송 소리가 있었다. 가까이 가보니 26명의 모라비아 교도들이 찬양을 부르고 있었다. 평안과 기쁨이 넘치는 찬양이었다. 그때 그 찬송은 하나님의 음성이었다고 웨슬리는 고백한다. 찬송의 힘은 두려움을 극복하게 한다. 고난 중에는 담대하게 하고, 축복의 문을 열게 한다.

스펄전은 이렇게 말하였다.

"내가 하나님의 자비로 인하여 하나님을 찬양하면 그 자비는 연장되며 불행으로 인해 하나님을 찬양하면 그 불행은 끝난다."

역대하 20장에 등장하는 유다 왕 여호사밧은 거대한 규모의 군대로부터 위협을 받자 자기 민족이 적을 방어하기에는 역부족이라는 것을 알고 하나님께 부르짖었다(대하 20:12). 그때 하나님의 음성이 들렸다. "여호와를 찬송하여 이르기를 여호와께 감사하세 그의 인자하심이 영원하도다"(대하 20:21). 그 찬양으로 침략자들을 혼동케 하심으로 자멸하게 하셨다.

찬송은 시, 찬미, 신령한 노래 등으로 구분된다. F. F 부르스라는 신학자는 시의 초점을 감사로 보았고, 찬미의 초점을 (하나님이 어떤 분이신가에 대한) 고백으로 보았으며, 신령한 노래의 초점을 우리의 간증으로 보았다. 이런 의미에서 우리의 찬송은 감사요, 고백이요, 간증이라고 할 수 있다. 우리는 감사하고 싶을 때, 고백하고 싶을 때, 간증하고 싶을 때 찬양해야 한다. 찬양에 능력이 있기 때문이다. 이제 우리는 찬송의 사람, 은혜의 사람이 되어 매일의 삶에서 기적을 일으키는 사람이 되어야 한다.

맑고 고운 아가야!

우리 하나님과 사람들에게 칭찬 받는 사람이 되도록 기도하자.

디모데라는 믿음의 사람이 있었어. 그는 할머니와 어머니의 믿음 속에서 성장했단다. 얼마나 믿음이 좋았던지 할머니의 믿음과 어머니의 신앙을 본받아서 어려서부터 주님의 말씀을 잘 배웠단다. 그래서 사도 바울 선생님은 디모데를 믿음의 아들이라고 부르면서 함께 복음을 전했단다.

그리고 사도행전을 보면 고넬료라는 로마군인이 나오는데, 이스라엘 민족이 아니었던 이 사람은 어느 날 예수님의 소식을 듣고 예수를 믿기 시작했단다. 온 집이 날마다 가정 예배를 드리고, 기도를 하면서 하나님을 온전히 섬겼대. 그뿐 아니라 어려운 사람들도 많이 도와주었단다. 그러던 어느 날 하나님의 음성이 들려왔어. "고넬료야! 너의 기도가 응답되었단다."

고넬료가 듣고 너무나 기뻐서 어쩔 줄을 모르고 있을 때 베드로 사도를 집에 초청해서 예배를 드리라고 하나님께서 말씀하셨단다. 고넬료는 이방인이었지만 베드로 사도의 설교를 듣고 가족과 함께 세례를 받을 수 있었어.

사랑하는 아가야. 우리가 하나님께 모두 맡기고 기도하면 하나님은 언제나 우리의 기도를 듣고 응답하셔. 그만큼 기도는 소중하단다.

알았지?

엄마의 기도

새 생명을 창조하신 하나님!

우리 가정에 귀한 선물을 주시니 감사합니다. 이 세상에 그 어떤 것보다 귀한 생명을 허락하셨사오니 하나님께서 주신 이 생명을 소중히 여기며 사랑하는 가정이 되게 하여주옵소서.

모든 두려움과 불안을 없게 하시어 복중의 태아와 엄마도 붙들어주시고 하나님의 날개 아래 품어주시고 임신 기간 동안 순탄케 하여주옵소서.

또한 출산의 때에도 함께하여 주시고 하나님께서 주신 선물을 잘 양육할 수 있도록 엄마에게 힘을 주시고 영육간에 강건함을 허락하여 주옵소서.

무엇보다도 하나님 아버지께서 태아를 지켜주시고 건강하게 잘 태어나도록 인도하여 주옵소서.

복중의 태아를 지켜주옵소서.

우리의 구원자 되시는 예수님의 이름으로 기도드립니다. 아멘.

약속의 확신

아이 사무엘이 점점 자라매 여호와와 사람들에게 은총을 더욱 받더라 _삼상 2:26

27

산을 향하여 눈을 들게 하소서

시편 121편 1~4절

내가 산을 향하여 눈을 들리라 나의 도움이 어디서 올까 나의 도움은 천지를 지으신
여호와에게서로다 여호와께서 너를 실족하지 아니하게 하시며 너를 지키시는 이가
졸지 아니하시리로다 이스라엘을 지키시는 이는 졸지도 아니하시고 주무시지도 아니하시리로다

안소니 드멜로가 쓴 《1분 지혜》라는 책에 한 수도사 이야기가 나온다. 이 젊은 수도사가 수도원에 들어가서 하나님을 만나기 위해서 수없이 수련을 하고 금식도 하고 철야를 하며 기도도 했는데 몇 년이 지나도 하나님을 만나지 못했다. 어느 날 수도원장에게 물었다. "원장님, 나는 수도사로 들어와서 몇 년째 금식도 하고 철야도 하고 부르짖어 기도를 해도 하나님을 만나지 못했습니다. 하나님이 어디 계십니까?"

수도원장이 가만히 팔짱을 끼고 이렇게 안경 너머로 대답했다. "바로 자네 옆에 계시네."

"없는데요?" 그러자 수도원장이 질문을 했다. "이 사람아, 술 취한 사람이 왜 집을 못 찾아가는가? 술 취한 사람이 왜 사람을 알아보지 못하는가?

술 취한 사람이 왜 비틀거리는가?"

수도원장은 젊은 수도사가 다른 것에 취했기 때문에 하나님을 못 본다는 것을 깨닫게 한 것이다.

우리가 이 세상에 취해 있으면 천국도 안 보이고 하나님도 안 보이고 자기 자신도 못 본다. 하나님은 언제나 우리와 함께 계신다.

우리는 한평생을 살아가면서 예기치 않은 산을 만나게 된다. 그 산 앞에서 대부분은 좌절하고 낙심하고 포기한다. 그러나 어떤 이들은 도리어 그 산을 바라보면서 자기의 생을 좋은 방향으로 개척해 나간다. 그런 사람들은 오히려 자기 앞에 가로막힌 산이 없었다면 성공하지 못했을 것이다. 우리의 현실은 종종 산으로 둘러싸인다. 산은 고난과 역경일 수도 있고, 낙심과 절망일 수도 있고, 좌절과 패배일 수도 있다. 자신의 힘으로는 해결할 수 없는 난관에 봉착했다는 뜻이다.

스위스의 교육자였던 페스탈로치는 자신의 생애를 되돌아보면서 "내 일생의 고난은 풍족한 생활이 가져올 것보다 더 많은 가치를 가져왔다. 만일 내가 행복했더라면 결코 성숙되지 않았을 나를, 고난은 성숙시켰다. 고난과 눈물이 나를 예지(叡智)로 이끌었다"라고 말했다. 생에 고난이 있었기에 도리어 더 많은 가치의 세계를 발견했고, 인생이 성숙하게 된 것이다.

시편 기자는 자신의 어떤 문제를 볼 때 그것을 산으로 보았다. "내가 산을 향하여 눈을 들리라 나의 도움이 어디서 올꼬"라고 노래하며 태산 같은 문제를 만나 숨도 쉴 수 없는 불안과 공포가 목을 조일 때 산을 향하여 눈을 들고 주님께 도움을 구했던 것이다. 그 당시 산에는 산당이 있고, 바알 신과 아세라 신의 목상이 있었지만 그런 것들이 나를 돕는 것이 아니라 천지를 지으신 하나님께서 나를 도우신다고 고백한 것이다. 하나님은 졸지 않으시고 우리가 실족하지 않도록 지켜주신다.

세상 부모도 우리를 24시간 내내 지켜줄 수 없다. 그러나 하나님은 졸지 않고 지켜주시며 실족하지 않게 붙들어주시는 우리의 영원한 도움이시다. 그러므로 어떤 일을 만날 때 산을 바라보지 말고 하나님을 바라보자. 문제의 산만 있는 게 아니라 하나님이 계신다. 빚쟁이만 있는 것이 아니라 하나님이 계신다. 질병만 있는 것이 아니라 하나님이 계신다. 절망만 있는 것이 아니라 하나님이 계신다. 우리는 왕 같은 제사장이요, 거룩한 나라요, 그의 소유된 백성이니 어떤 일을 만나도 두려워하지 말고 담대히 나갈 수 있다.

엄마가 들려주는 태담

복 있는 아가야!

영국의 찬송가 작가 존 뉴턴 목사님은 엄마가 좋아하는 찬송가 〈나 같은 죄인 살리신〉이라는 곡을 작사한 분이란다. 뉴턴 목사님이 이런 말을 했어. "내가 만일 천국에 가게 되면 깜짝 놀랄 일이 세 가지 있습니다. 하나는 틀림없이 천국에 와 있으리라 생각했는데 가보니 없고, 또 하나는 안 왔으면 하고 생각한 사람이 와 있는 것입니다. 마지막은 아무리 생각해도 나는 구원받을 만한 사람이 못되는데 제가 천국에 있는 것을 보고 깜짝 놀랄 것입니다."

우리는 날마다 하나님의 은혜로 사는 사람이니 다른 사람을 잘 도와야 한단다.

예수님은 우리에게 말씀하셨지. "주는 자가 복이 있다"고.

한번 따라서 해볼래? "주는 자가 복이 있다."

참 잘했어. 꼭 주는 자가 되리라 믿어. 사랑한다.

엄마의 기도

생명을 지키시는 하나님!

태아를 지키시고 인도해주시니 감사합니다. 저에게 빈혈이 없게 하시고 영양이 풍부한 음식을 섭취할 수 있도록 도우소서.

사랑의 하나님!

제가 산부인과에서 정기검진을 받을 때 지켜주시고, 임신 기간 동안에 좋은 자세도 주시어 허리가 아프지 않게 하여주옵소서.

바라기는 제 마음속에 좋은 생각과 좋은 마음을 주시어 건강한 태교를 할 수 있게 하시고 매순간 하나님께 영광이 되게 하여주옵소서. 지금 이 순간 태아에게 찾아오시어 언제 어디서나 주님의 복을 받는 자녀로 살게 하시고 순결하게 저희 태아를 지켜주옵소서. 태아의 얼굴이 하늘처럼 밝고 바다처럼 맑게 하시고, 하나님의 성품과 지혜를 가지고 태어날 수 있도록 도와주소서.

오늘도 저와 아기의 건강을 지켜주시고 하나님께 기쁨이 되는 하루가 되게 하여주옵소서.

예수님의 이름으로 기도드립니다. 아멘.

약속의 확신

누구든지 내 이름으로 이런 어린아이 하나를 영접하면 곧 나를 영접함이요 누구든지 나를 영접하면 나를 영접함이 아니요 나를 보내신 이를 영접함이니라 _막 9:37

28

행복한 가정의 복을 주소서

시편 128편 1~3절

여호와를 경외하며 그의 길을 걷는 자마다 복이 있도다 네가 네 손이 수고한 대로 먹을 것이라
네가 복되고 형통하리로다 네 집 안방에 있는 네 아내는 결실한 포도나무 같으며
네 식탁에 둘러앉은 자식들은 어린 감람나무 같으리로다

이 땅에 하나님이 친히 세우신 기관이 둘 있다. 하나는 가정이고 또 하나는 교회다. 가정은 하나님께서 만드신 인간 사회의 기초단위다. 그렇기 때문에 가정이 무너지면 사회가 무너지고 사회가 무너지면 국가가 무너진다. 그래서 사탄은 늘 교회와 가정을 끊임없이 공격한다.

오늘날 교회와 가정 안에 문제가 많다. 어떻게 보면 가장 문제가 없어야 할 곳임에도 불구하고 가장 문제가 많은 곳이 바로 가정과 교회다. 그만큼 사탄의 공격이 가정과 교회에 집중되어 있기 때문이다.

사탄은 오늘도 수단과 방법을 가리지 않고 가정에 가라지를 뿌리려고 공격한다. 때로는 성격의 차이로, 때로는 자녀 문제로, 때로는 성적인 문제로, 술과 도박의 문제로, 경제적인 이유로 가정을 공격한다. 그러나 하나님

은 우리의 가정이 예수 안에서 하나 되고 행복하기를 원하신다. 그런데 이 행복한 가정은 서로의 노력 없이는 이루어지지 않는다.

아무리 아름다운 정원도 3개월만 가꾸지 않으면 잡초가 우거진다. 우리의 마음도, 가정도 가꾸지 않으면 시기와 미움과 분란의 잡초가 무성하게 자랄 수밖에 없다. 결혼했다고 행복한 가정이 저절로 이루어지는 것이 아니다. 수고와 노력을 기울여야 한다.

테레사 수녀가 노벨 평화상을 받은 날, 한 기자가 세계 평화를 위하여 가장 긴급한 일이 무엇이라고 생각하느냐고 물었다. 테레사 수녀는 웃으면서 이렇게 대답했다. "기자 선생께서 빨리 집에 돌아가셔서 가족을 사랑하는 것이 가장 긴급한 일입니다."

제아무리 재물이나 권력이나 명성이나 그 밖의 모든 것을 가지고 있더라도 가정이 행복하지 못하면 불행할 수밖에 없다. 부와 지식과 권력을 다 가지지 못했어도 가정에서 행복을 느끼면 그 사람은 어디서나 행복하다.

로마 제국이 멸망한 원인이 무엇인가? 단순히 정치적이거나 군사적인 이유가 아니라는 것은 잘 알려진 사실이다. 세계를 제패했던 로마 제국이 멸망한 직접적인 원인은 성적 문란으로 인한 가정의 붕괴였다.

당시 로마의 철학자 세네카는 가정의 소중함에 대해 이렇게 역설했다.

"로마의 애국자들이여! 가정으로 돌아가십시오. 그리고 가정을 지키십시오. 로마의 애국자들이여! 가정으로 돌아가 가정을 지키십시오."

가정이 복을 받기 위해서는 고넬료 가정에서 배워야 한다. 고넬료의 가정이 복을 받은 이유는 온 가정이 더불어 하나님을 경외했기 때문이다. 항상 기도와 섬김을 우선했기 때문이다(행 10장).

행복한 가정의 출발점은 바로 하나님을 잘 섬기는 일이다. 가정에서 무엇보다 가정예배가 회복되기를 소원한다.

사랑하는 아가야!

우리에게 깊고 튼튼한 신앙을 달라고 기도하자.

미국에 록펠러라는 사람이 있었는데 그의 어머니는 록펠러에게 10가지만 잘 지키며 살라고 당부했단다.

❶ 하나님을 친아버지 이상으로 섬겨라.

❷ 목사님을 하나님 다음으로 섬겨라.

❸ 주일예배는 본 교회에서 드려라.

❹ 오른쪽 주머니는 항상 십일조 주머니로 하라.

❺ 아무도 원수로 만들지 말라.

❻ 아침에 목표를 세우고 기도하라.

❼ 잠자리에 들기 전 하루를 반성하고 기도하라.

❽ 아침에는 꼭 하나님의 말씀을 읽어라.

❾ 남을 도울 수 있으면 힘껏 도우라.

❿ 예배 시간에 항상 앞에 앉으라.

어머니의 말씀을 실천한 록펠러는 큰 부자가 되어 많은 사람을 도우며 살았단다. 우리 하나님은 "온갖 좋은 은사와 온전한 선물이 다 위로부터 빛들의 아버지께로부터 내려"왔다고 말씀하셨어(약 1:17). 그러니까 우리 선물로 받은 것을 기쁘게 나누는 신앙인이 되자.

엄마의 기도

은혜와 사랑의 아버지!

우리에게 하나님 사랑의 결정체 태아를 보내주심을 진심으로 감사드립니다. 하나님께서 맡겨주신 생명이 지금 제 배 속에서 건강하게 자라도록 지켜주시니 감사드립니다.

"대저 여호와는 지혜를 주시며 지식과 명철을 그 입에서 내심이며"(잠 2:6)라고 말씀하셨습니다. 하나님의 지혜가 태아 안에 거할 수 있도록 안전하고 좋은 태내의 환경을 만들어주시고 저에게도 건강을 주옵소서. 규칙적인 생활을 하게 하시고 마음을 평온케 인도하옵소서.

우리 사랑하는 태아를 위하여 더 열심히 기도하게 하시고, 감사하는 마음을 가지고 살 수 있도록 항상 지켜주옵소서. 태교를 위하여 기도할 때마다 하나님의 영광이 충만히 임하게 하여주옵소서.

지금도 살아 역사하시는 예수님의 이름으로 기도합니다. 아멘.

약속의 확신

여호와께서 자기 백성에게 힘을 주심이여 여호와께서 자기 백성에게 평강의 복을 주시리로다 _시 29:11

29

이렇게 되게 하소서

시편 133편 1~3절

보라 형제가 연합하여 동거함이 어찌 그리 선하고 아름다운고
머리에 있는 보배로운 기름이 수염 곧 아론의 수염에 흘러서 그의 옷깃까지 내림 같고
헐몬의 이슬이 시온의 산들에 내림 같도다
거기서 여호와께서 복을 명령하셨나니 곧 영생이로다

　　같은 하나님의 말씀이라도 다르게 번역을 해서 감동을 주는 구절이 있다. "보라 형제가 연합하여 동거함이 어찌 그리 선하고 아름다운고." 이 말씀을 새번역 성경에서는 "그 얼마나 아름답고 즐거운가! 형제자매가 어울려서 함께 사는 모습!"이라고 번역했고, 공동번역에서는 "이다지도 좋을까, 이렇게 즐거울까! 형제들 모두 모여 한데 사는 일"이라고 번역했다.

　　위의 구절을 한마디로 말하면 형제가 연합하고, 형제가 함께 어울려 살아가는 모습은 어떤 것과도 비교할 수 없는 아름다운 일이요, 즐거운 일이라는 것이다. 하나님을 아버지로 모시고 살아가는 우리 믿음의 형제들은 서로 개성이 다르고, 성격이 다르고, 각기 고유함과 독특성을 지니고 있음에도 불구하고 한 형제요, 자매이기에 서로 어울려 함께 살아가면 다

름 아닌 그것이 세상에 없는 아름다움이요, 즐거움이요, 좋은 일이라고 말할 수 있다.

시편 133편에는 '다윗의 시, 성전에 올라가는 노래'라는 표제가 붙어 있다. 누구든지 하나님의 성전에 올라갈 때에는 형제의식을 품고 가야 한다. 한 분 하나님을 아버지로 고백하는, 믿음의 자녀로서 구원받은 형제요 자매들이기 때문이다.

나와 하나님과의 관계가 신앙생활이다. 하나님 앞에서의 신앙생활을 '코람데오(Coram Deo)'라고 한다. 라틴어로 Coram이라는 말은 '~의 앞에서'라는 뜻이고, Deo는 '하나님'이라는 뜻이다. 그러니까 'Coram Deo'라는 말은 '주님 앞에서'라는 뜻이다.

신앙생활이란 하나님 앞에 내가 서 있다는 인식에서 시작해야 하며 신앙이 자라면서 나 외에 다른 사람, 우리 공동체가 함께 서 있다는 생각을 가져야 한다. 나라는 개인에서 출발하지만, 결코 '나'에 머물지 않고 '우리'라는 공동체성을 가질 때에 온전한 신앙으로 자라날 수 있기 때문이다. 이것이 십자가의 사랑이다. 우리는 십자가의 정신으로 나와 하나님과의 관계, 나와 이웃과의 관계를 회복해야 한다.

다윗은 형제자매가 함께 어울려서 형제애를 나누며 살아가는 모습이 마치 아론의 머리 위에 부어진 기름이 수염을 타고 흘러내리고 그 옷깃에도 흘러내리는 것과 같다고 하였다. 이러한 모습 속에서 형제가 연합하고 동거하는 것을 보시고 하나님은 우리에게 복을 주기로 약속하셨다. 그 복이 영생의 복이다. 우리는 가정에서 이런 축복을 누려야 한다.

멋진 우리 아가야!

오늘은 성 어거스틴(St. Augustine)에 대해서 이야기해 보려고 해.

성 어거스틴은 젊어서 매우 방탕했었지만 예수를 믿고 회개한 다음 《고백록》을 써서 많은 사람에게 감명을 주었지. 또한 《신국론》이라는 불후의 명작을 남겼단다.

그가 하루는 예전에 하나님께 죄를 많이 지을 때 자주 다니던 골목을 지나게 되었대. 그때 누군가 그를 불렀어. "선생님, 오랜만입니다. 왜 그동안 안 보였어요? 오랜만에 오셨는데 잠깐 쉬었다 가세요." 전에 알고 지냈던 술집 아가씨가 반색을 하며 뛰어나온 거였어. 그때 어거스틴은 이렇게 말했어. "사람을 잘못 보았소. 당신이 전에 부르던 어거스틴은 이미 죽었고, 지금의 어거스틴은 예수님과 함께 사는 어거스틴이오." 그러고는 그냥 지나가 버렸대.

어거스틴은 하나님의 말씀으로 인해 큰 은혜를 받고, 옛날의 방탕했던 생활을 깨끗이 청산하고 새사람이 되었던 거지.

예쁜 아가야!

우리가 하나님의 말씀을 따르며 살면 그 말씀이 능력이 된단다. 어거스틴이 이렇게 사니까 사람들은 그를 거룩한 사람이라는 뜻에서 '성자' 라고 불렀단다. 근사하지?

우리 가족이 이런 믿음을 가지고 살아서 예수님을 기쁘시게 했으면 좋겠어. 그런 가정을 위해 엄마는 기도한다. 우리 아가도 함께 기도해주겠니?

엄마의 기도

지혜의 근원이신 하나님 아버지!

이제 주님께서 주신 태아가 배 속에서 뇌세포가 활발하게 만들어지는 시기입니다. 무엇보다 태아에게 배 속에서부터 하나님을 알고 섬기는 지혜와 명철을 주시고, 예수님의 성품도 주옵소서. 그리하여 세상을 바르게 살 수 있도록 인도하여 주셔서 언제나 자신의 능력과 처지를 바로 알게 하시고, 자기 안에 부족한 부분들을 신앙을 통해 극복하여 그 역할을 잘 감당할 수 있는 지혜로운 아이가 되도록 역사하여 주옵소서.

간절히 바라기는 이 시간 주님께서 아기에게 어리석음이 없게 하시고 지혜와 명철로 옷을 입혀주시어, 좋은 생각과 밝은 정신으로 예수님 닮은 성품이 조성되게 해주옵소서.

산모에게 필요한 음식을 골고루 먹게 하시며, 적절한 운동을 하도록 도와주셔서 아이가 건강하고 균형 잡힌 모습으로 성장하도록 은혜를 베풀어주옵소서. 이 일을 통해서 날마다 하나님을 의지하면서 그 사랑의 신비를 체험케 하여 주옵소서.

지혜의 근원이신 예수님의 이름으로 기도합니다. 아멘.

약속의 확신

내가 자녀에게 말하듯 하노니 보답하는 것으로 너희도 마음을 넓히라 _고후 6:13

30

여호와께 감사하게 하소서

시편 136편 1~4절

여호와께 감사하라 그는 선하시며 그 인자하심이 영원함이로다
신들 중에 뛰어난 하나님께 감사하라 그 인자하심이 영원함이로다
주들 중에 뛰어난 주께 감사하라 그 인자하심이 영원함이로다
홀로 큰 기이한 일들을 행하시는 이에게 감사하라 그 인자하심이 영원함이로다

이런 시가 있다.

하나의 꽃나무가 있다.
잎은 애벌레에게 뜯긴다.
꿀은 벌에게 뺏긴다.
향기는 바람에 날려 보낸다.
얼핏 보기에 이 꽃나무는 모든 것을 빼앗겼다.
그러나 사실상 이 꽃나무는 잃은 것이 하나도 없다.
가을이 되면 열매를 얻게 되기 때문이다.

이스라엘 백성들은 일 년에 유월절, 맥추절, 초막절 세 번씩 성막에 나와서 하나님 앞에 감사의 예물을 드렸다. 이 세 절기는 이스라엘 백성들이 의무적으로 예물을 드리면서 지내는 감사의 절기다.

감사는 하나님께서 인간에게만 주신 특별한 은혜이자 특권이므로 감사를 마음속에 담아두기만 해서는 안 된다. 그것을 어떤 모양으로든지 밖으로 표현함으로써 베풀어주신 하나님을 영화롭게 해야 한다. 행복은 그냥 주어지는 것이 아니라 창조와 감사의 표현에서부터 시작되기 때문이다.

일본의 기독교 사상가 우찌무라 간조(內村鑑三)는 "감사하는 마음이 생기지 않는 메마른 마음은 저주다"라고 했다. 감사하지 못하는 그 자체가 저주이고, 감사하는 마음이 없는 그 자체가 죄악된 사고다. 감사를 못하게 되는 이유는 무엇일까? 은혜를 잊어버리기 때문이다.

기도의 사람 무디 목사가 하루는 부잣집 농부의 집에서 식사를 하게 되었다. 풍성한 음식 앞에서 무디 목사가 "우리 하나님께 감사 기도를 드립시다" 하고 기도하려고 했다. 그때 농부가 "나는 그런 것 못합니다. 농사는 내가 지은 것인데 누구에게 감사한단 말이요, 그리고 나는 지성인입니다" 하고 말했다. 그 말을 들은 무디 목사는 "우리 집에도 당신 같은 존재가 하나 있소" 하고 말했다. 농부가 반갑게 "아니, 당신 집에도 지성인이 있단 말이요?" 하자, 무디 목사가 쳐다보지도 않고 말했다. "우리 집 돼지가 그렇소."

사람은 누구나 은혜를 알고 감사하며 살아가는 법을 배워야 한다. 감사의 삶은 저절로 이루어지는 것이 아니다. 배워야 한다. 깨달아야 한다. 주님의 은혜를 알면 감사를 깨닫게 된다. 사람이 감사하며 은혜를 알고 살아간다는 것은 그만큼 성숙했다는 말이며 인생의 깊은 은혜를 알고 살아간다는 말이기 때문이다.

우리 예쁜 아가야!

이스라엘 지도자 가운데 모세라는 사람이 있었단다. 모세가 막 태어났을 때 그는 죽을 뻔했어. 당시 이집트에 살고 있던 이스라엘 민족이 번성하자, 이스라엘 민족의 남자아이는 태어나자마자 모두 죽이라는 명령이 있었거든. 그래서 이집트에 사는 이스라엘 백성들은 두려움에 떨었지. 이집트 군인들은 아이가 우는 소리만 들리면 그 집에 들어가서 남자아이면 사정없이 빼앗아 죽였단다. 그런 상황 속에서도 용감하게 아이를 숨겨서 키우는 집이 있었어. 바로 아므람과 요게벳 부부란다. 그들은 아들 모세를 3개월 동안이나 몰래 키웠지. 그런데 더 이상 숨기는 것이 불가능해졌다고 생각한 어머니 요게벳은 갈대상자를 만들어서 이 아이를 상자에 담아 나일 강물 위에 띄워 보내며 하나님께 맡겼단다. 그때 나일강가에 목욕을 하러 나온 바로의 공주가 아기 울음소리를 듣고 "얘들아! 어디서 아이의 울음소리가 나는지 가서 확인해 보고 오너라"라고 했어. 조금 후에 시녀들은 갈대상자를 건져와서 아기를 공주에게 보여주었지. 아기는 공주를 보고 더욱 더 큰 소리로 울기 시작했단다. 어쩔 줄 몰라 하는 공주를 멀리서 지켜보고 있던 모세의 누나 미리암이 뛰어나가서 "공주님! 이 아이가 지금 젖이 먹고 싶어서 우는 것 같아요. 제가 이스라엘 여인 중에 젖을 먹일 수 있는 유모를 구해다 드릴까요?"라고 물었지.

공주님은 아주 기쁘게 허락했단다. 이렇게 해서 모세는 이집트 궁중에서 교육을 받고 이후 이스라엘 민족의 지도자가 되었단다.

하나님의 섭리가 놀랍지?

그분이 우리 하나님이란다. 오늘도 하나님께 감사하다고 고백하자.

엄마의 기도

세상을 창조하신 하나님 아버지!

말씀으로 저희를 창조하시고 사랑을 주시니 감사합니다.

계획은 사람이 세우지만 그 걸음걸음은 하나님께서 인도하신다는 믿음을 가지고 태교하고 있사오니 축복하시고 은혜로 인도하여 주옵소서.

저희 부부가 믿음 안에서 태교하게 하심을 감사드립니다. 하나님께 기도하는 사람이 되도록 태 속에서부터 인도하여 주옵소서.

태아의 얼굴이 점차 정교해지며, 심장이 완전히 형성되고 내부기관이 빠르게 만들어지는 시기입니다. 지금 태아가 배 속에서 한창 자라고 있사오니 각 기관들이 잘 발달되도록 하여주시고, 몸의 균형을 유지할 수 있도록 주장하여 주옵소서.

지금 제 배 속에 있는 아기가 하나님의 진리의 말씀을 사모하게 하시고, 하나님의 율법과 도를 사랑하는 마음을 품도록 하시며, 성령의 인도하심에 따라 믿음으로 살아가도록 하여주옵소서. 무릇 지킬 만한 것보다 마음을 지키라고 하였사오니 사랑하는 우리 아기가 이 세상에 태어나 마음을 지켜 창조의 놀라움을 잃지 않는 사람이 되도록 인도하여 주옵소서.

예수님의 이름으로 기도합니다. 아멘.

약속의 확신

이는 네 속에 거짓이 없는 믿음이 있음을 생각함이라 이 믿음은 먼저 네 외조모 로이스와 네 어머니 유니게 속에 있더니 네 속에도 있는 줄을 확신하노라 _딤후 1:5

31

여호와를 찬양하게 하소서

시편 150편 1~6절
할렐루야 그의 성소에서 하나님을 찬양하며 그의 권능의 궁창에서 그를 찬양할지어다
그의 능하신 행동을 찬양하며 그의 지극히 위대하심을 따라 찬양할지어다…
호흡이 있는 자마다 여호와를 찬양할지어다 할렐루야

우리는 다양한 주제를 가지고 찬양할 수 있다. 찬양은 개인과 사회와 민족에 중요한 영향을 미친다. 찬양은 천사의 방언이며 하나님과 우리가 연락할 수 있는 길이다. 그래서 우리는 하나님의 능력을 체험하고 성령이 역사하는 찬양을 언제 어디서나 불러서 하나님께 영광을 돌리는 신앙인이 되어야 한다. 우리가 찬양으로 감사할 수 있는 이유를 헤아려보자.

1. 예배하게 하시니 감사하다.

이용규 선교사가 쓴 《내려놓음》이라는 책에 "소 대신 예배를 택하는 마음"이라는 글이 있다.

선교사님이 몽골 이레교회에서 개척한 예배처소를 방문해 예배를 드

리던 중, 한 자매가 땀으로 범벅이 돼 교회에 들어왔다. 그 자매는 몇 달 전에 기도를 통해 듣지 못하던 귀가 열린 자매였다. 예배 몇 시간 전에 소를 잃어버려서 소를 찾으러 뛰어다니다가 예배시간이 임박한 것을 알고 달려왔다는 것이다. 그때 선교사님은 소가 아닌 예배를 선택한 이 자매의 믿음의 결단을 부끄럽게 하지 말아달라고 하나님께 기도했다. 그런데 예배를 마치자마자 밖에서 소 울음소리가 들려왔다. 잃었던 소가 집이 아닌 예배 처소를 찾아온 것이다.

우리의 삶에서 예배가 회복될 때 하나님은 잃어버린 것을 회복시키신다. 우리가 하나님께 예배하면 그분이 우리를 예배에 부끄럽지 않게 인도하신다.

2. 구원 받게 하시니 감사하다.

하나님은 결코 실패하시는 분이 아니다. 언제나 승리하시는 분이다. 하나님은 한 번 시작하신 구원을 결코 중단하지 않으시며 반드시 이루시는 분이다. 그러므로 우리는 찬양하지 않을 수 없다.

독일의 아우슈비츠 수용소는 수많은 유대인이 학살당했던 곳이다. 그 참혹한 수용소에서 유대인들은 눈물을 뿌리면서 하나님을 향해 이렇게 외쳤다.

"하나님, 지금 어디에 계십니까? 왜 이런 일을 허용하고 계십니까?"

그들의 피맺힌 절규는 연합군이 독일을 물리쳐 수용소를 탈환할 때까지 계속되었다. 드디어 전쟁이 끝나 연합군이 탈환한 수용소를 점검하러 들어갔다. 점검하던 연합군 병사 한 명이 한쪽 벽 후미진 곳에 쓰인 글씨를 우연히 발견하였다. 어느 그리스도인의 신앙고백으로 보이는 그 글에는 놀라운 내용이 담겨 있었다.

"그 크신 하나님의 사랑 말로 다 형용 못하네. 하늘을 두루마리 삼고 바다를 먹물 삼아도 한없는 하나님의 사랑 다 기록할 수 없겠네."

이 지옥 같은 수용소에서 죽음만을 기다리고 있던 한 유대인이 하나님의 사랑을 찬양하고 있다니! 그 연합군 병사는 놀라지 않을 수 없었다. 그런데 그 밑에 또 하나의 문장이 눈에 들어왔다.

"하나님은 여기에 계십니다."

엄마가 들려주는 태담

사랑이 가득한 아가야!

오늘은 좋은 감성과 재능을 가진 아이가 되게 해달라고 기도하자.
엄마, 아빠는 우리 예쁜 아기가 지능, 감성, 예능, 건강을 가진 아이가 되었으면 좋겠단다. 언제나 구하면 기도한 대로 좋은 것을 주시는 하나님께 엄마와 함께 이렇게 기도하면 좋겠구나.
하나님!
이목구비, 오장육부가 뚜렷하고 균형 있게 태어나게 해주세요.
성령충만한 아이가 되도록 축복해 주세요.
하나님을 경외하는 아이가 되게 해주세요.
부모님께 효도하는 아이가 되게 해주세요.
지혜롭고 총명한 아이가 되게 해주세요.
하나님과 사람에게 존귀한 아이가 되게 해주세요.
하나님과 사람을 귀히 섬기는 아이가 되게 해주세요. 다른 이의 마음을 잘 헤아리는 공감력 있는 아이가 되게 해주세요.
하나님은 언제나 우리가 구하면 가장 좋은 것으로 주신단다. 사랑한다. 우리 아가야!

엄마의 기도

거룩하시고 전능하신 하나님 아버지!

경배와 찬양을 드립니다.

주님께서 우리 가정을 축복하여 주시고 인도하여 주시니 감사를 드립니다. 또한 저희에게 아이를 기업으로 얻게 하여주심을 감사합니다.

하나님을 사랑하고 계명을 지키는 자에게는 천대까지 은혜를 베푸신다 하셨사오니(신 5:10) 우리에게 복에 복을 더하여주옵소서. 엄마의 배 속에 있는 태아가 평생 주님을 잘 섬기는 하나님의 자녀로 성장하게 하여주옵소서.

이제 때가 되어 출산할 때에 주님이 손을 잡아주셔서 두렵지 않게 하시고 건강히 낳을 수 있도록 인도하여 주옵소서. 무엇보다도 제 마음에 평안을 허락하여 주시고 함께하는 의료진들에게도 하나님의 은혜가 함께하시어 태어날 아이로 하여금 우리 가정이 더욱더 하나님을 기쁘시게 하는 가정으로 성숙하게 하도록 인도하여 주옵소서.

우리의 생명을 지키시고 보호하시는 예수님의 이름으로 기도합니다.

아멘.

약속의 확신

은혜와 긍휼과 평강이 하나님 아버지와 아버지의 아들 예수 그리스도께로부터 진리와 사랑 가운데서 우리와 함께 있으리라 _요이 1:3

7
PART

태교를 위한 에센스

01

성경적 태교는 아름답다

생명을 잉태한다는 것은 참으로 신비한 하나님의 기적이다. 그런데 하나님의 기적으로 생긴 태아를 받아들일 때 감사함이 없거나, 준비 없는 임신으로 인해 세상 빛을 보기도 전에 이 땅을 떠나는 생명이 있다. 또 임신 기간을 축복으로 여기지 않고 그냥 흘려버려 자녀에게 좋지 않은 영향을 주는 경우도 종종 있다.

임신을 한다는 것은 남편의 환경과 아내의 환경이 만나 이루어지는 작업이다. 의학적으로 보자면 남자와 여자가 만나 사랑하고 결혼해서 생긴 열매가 임신이라고 말할 수 있다. 그러나 그 이면에는 남편의 환경과 아내의 환경이 만나 둘을 합한 새로운 환경을 잉태된 아기에게 물려주는 것이기도 하다. 그렇기 때문에 임신할 때 남편과 아내의 환경적 요소는 매우 중요하다.

임신 중에 아기에 대한 엄마의 태도가 어떠하느냐에 따라 아기가 태어나 정신 질환을 겪을 수 있고, 폭력적인 사람이 될 수도 있다. 가령 술을 좋아하는 남편의 환경 속에서 아내가 임신하면 아기는 태아 알코올 증후군을 물려받아 태어날 수도 있다.

또한 자신의 삶에 대한 방식, 상처까지도 태아에게 그대로 전해질 수

있다. 내가 어떤 삶을 심느냐에 따라 그 열매 또한 그대로 거두는 것이기 때문이다. 그래서 임신한 기간 동안 부모는 태아에게 가장 좋은 환경에서 아름다운 것을 심어야 한다. 우리는 태아를 위해 이렇게 기도해야 한다.

오 하나님! 나에게 복을 주시어
내 태중에 있는 아이도 복을 받게 하옵소서.

🌿 큰 소리로 불러 이르되 여자 중에 네가 복이 있으며 네 태중의 아이도 복이 있도다
눅 1:42

02

태교의 중요성을 알자

태교는 태아에게 좋은 영향을 줄 수 있도록 안정과 수양을 도모하는 것이다. 아이는 배 속에 머물고 있을 때부터 생각할 수가 있다. 태교라는 단어를 사전에서 찾아보면 임신 중에 태아에게 좋은 영향을 주고자 하는 것이다. 중국 및 일본에서 주장된 예스런 교육 방법을 보면 "어머니의 교육은 아버지의 교육보다 9개월 일찍 시작된다"라는 속담이 나온다. 즉 모성은 임신 중에 있는 태아에게 큰 영향을 미친다.

임신부는 10개월 동안 급격한 신체 변화를 겪기 때문에 민감해지기 쉽다. 그리고 임신과 출산에 대한 공포로 인해 긴장하고, 불안해지기도 한다. 이렇게 엄마가 스트레스를 받으면 태아도 스트레스를 받는다. 이는 태아가 엄마와 생리적으로 연결되어 있기 때문에 엄마의 감정 변화와 행동이 태아에게 영향을 주는 것이다.

엄마가 과도한 흥분이나 슬픔, 기쁨, 긴장 등의 급격한 심리적 변화를 겪으면 신체적인 대사 작용 및 내분비선이 변화를 일으켜 태아의 건강에도 좋지 않은 영향을 끼친다. 그래서 임신 기간 동안 엄마가 침착하고 평온한 마음을 갖도록 태교를 하는 것이 좋다. 따라서 임신부는 의도적으로 태아가 출산 후 어떻게 성장하기를 바라는지 미리 생각하여, 태내 교육을 함

으로써 태아가 천부적인 자질을 갖추고 태어나게 할 수도 있다.

배 속의 아기가 어떻게 자랄지는 태내 환경에 달려 있다. 태아의 지능과 인성은 엄마의 신체적, 정서적 건강 상태에 의해 결정되므로 똑똑하고 정서적으로 안정된 아기가 태어나기를 바란다면 좋은 태내 환경을 제공해 주어야 한다. 한 연구에 따르면 산소와 영양이 풍부하며 엄마의 심신이 안정된 태내에서 자라난 아기일수록 지능 지수가 높다고 한다. 엄마 아빠에게서 어떤 유전자를 받았는지뿐만 아니라 태내에서 충분한 영양을 공급받고, 정서적 안정이 유지되는 것이 중요하다. 흔히 첫 시작이 중요하다고 말한다. 이처럼 태아에게 좋은 태내 환경을 제공하는 것은 아기에게 올바른 초석을 만들어주는 것이다.

태교는 단순히 태아 또는 부모를 교육하는 것이 아니라, 태아와 부모가 서로 교감하면서 즐겁고 유익한 시간을 보내기 위한 것이다. 처음 임신 사실을 알았을 때 느꼈던 감동과 기쁨을 아기가 태어날 때까지 그대로 유지하며 아기에게 사랑을 표현할 수 있다면 좋지 않겠는가? 그래서 엄마와 아빠의 노력이 필요하다. 특히 아빠는 엄마의 정서 변화에 가장 많은 영향을 미치는 존재기 때문에 태교에 있어서 엄마 다음으로 중요한 사람이다. 즉 행복한 아기로 자랄 수 있도록 도와주는 사람이 바로 아빠다. 이러한 태교를 통해 임신부는 기다리고 바라던 아기를 낳는다는 자신감을 가질 수 있을 것이다.

예일대학교 부속 뉴 헤이븐 병원의 암 전문 외과 의사 시걸(Leon V. Sigal)의 보고에 의하면 그의 환자들의 80%는 두 종류의 사람이었다고 한다. 첫째는 모태에서부터 저주받은 생명으로 원치 않은 출생자다. 둘째는 출생 후 어린 시절 양육자로부터 차가운 대접을 받으면서 자란 사람들이다. 그는 암이 어머니로부터 받은 저주가 씨앗처럼 무의식 속에 파종되었다가 세상을 살아가면서 받는 스트레스로 발아된 것이라고 말한다.

따라서 건강한 사람이 되기 위해서는 성장기에 저주라는 씨앗이 뿌려지지 않도록 해야 한다. 불행하게도 이미 씨앗이 뿌려졌다면 발아되지 못하게 스트레스에 잘 대처해야 한다. 그러나 대다수 현대인은 도시 문명 속에서 스트레스를 피할 수 없기 때문에 건강의 유일한 길은 양육자가 저주의 씨앗을 뿌리지 않는 것밖에는 없는 것이다.

우리의 의식은 기억하지 못하지만 무의식 속에 입력된 과거의 많은 요인이 현재 우리의 행동을 지배한다. 이것을 바다로 비유한다면 우리의 의식은 파도의 물결에 지나지 않으며, 무의식은 바다 속처럼 보이지 않는 엄청나게 깊은 세계다. 그렇다면 태교는 더할 나위 없이 중요한 것이다.

태아가 살고 있는 환경은 양수의 보호를 받기는 하지만 쉴 새 없이 들리는 어머니의 심장 박동 소리, 장 운동 소리 등이 여과 없이 태아에게 전달된다. 여성의 자궁은 태아를 보호하는 절대적인 환경이지만 태아는 자신을 보호하기 위하여 최고의 긴장 상태로 살아가야 한다. 어머니의 자궁은 태아에게 있어서 꿈의 궁전이다. 그러나 궁전은 태아를 끝까지 보호하지는 않는다. 어머니의 자궁을 통해서 태아에게 시끄러운 환경, 헐떡이는 심박동 등 스트레스를 꾸준히 제공된다. 태아에게 해로운 외부 환경을 얼마나 효과적으로 차단하는가, 또는 태아의 스트레스를 얼마나 줄일 수 있을 것인가, 하는 것이 태교의 기본 개념이다.

태교는 정확하게 언제 누가 창시하여 오늘에 이르렀는지는 확실치 않다. 고전 기록을 상고할 때, 동양 특히 중국에서 먼저 시작되었다는 것만은 자명하다. 서양은 출생 후 1년이 지나야만 한 살이 되는데 반하여, 동양에선 출생하자마자 한 살이 됨으로써 임신한 순간부터 태아를 하나의 인격체로 존중한다. 모체 내에서 자란 기간을 인정해왔으며, 임신부를 태모라 하여 정중히 대우해왔다. 그러나 서양에선 1400년대에 이르러, 이탈리아의 교육자 마휴루베큐즈가 처음으로 태교의 중요성을 제창하고, 그 구체적인 방법까지 제시하였다. 그 후 근대에는 독일의 교육자 데링이 "교육은 출산 이전 태내에서부터 시작되어야 한다"고 주장하면서 태교에 대해 관심을 갖기 시작했다. 이러한 것을 보아서 태교의 중요성은 임신한 순간부터 출산할 때까지, 그 중요성이 지금까지 전해지고 있다.

천사가 대답하여 이르되 나는 하나님 앞에 서 있는 가브리엘이라 이 좋은 소식을 전하여 네게 말하라고 보내심을 받았노라 눅 1:19

03

태교의 시기

성경에는 태교의 시기를 다음과 같이 말한다.

내 형질이 이루어지기 전에 주의 눈이 보셨으며 나를 위하여 정한 날
이 하루도 되기 전에 주의 책에 다 기록이 되었나이다 시 139:16
내가 너를 모태에 짓기 전에 너를 알았고 네가 배에서 나오기 전에
너를 성별하였고 너를 여러 나라의 선지자로 세웠노라 하시기로

렘 1:5

이 말씀에 대한 것을 과학적으로 증명해 보자. 크기가 0.05~0.06mm
밖에 안 되는 남자의 정자는 하루아침에 만들어지는 것이 아니다. 학자마
다 설이 다르기는 하지만 어떤 이는 76일 정도 걸린다고 말하기도 하고,
어떤 이는 5~6달 정도 걸린다고 주장한다. 중요한 것은 정자가 만들어지
는 데도 상당한 시간이 걸린다는 사실이다. 그 말은 곧 남자도 임신을 한다
는 것이다.

이러한 기간을 통해서 자녀가 출생하기 때문에 부모는 자신의 몸과 마
음을 정결케 해야 한다. 성경에 보면 다윗이 우리아의 아내와 간음하여 태

어난 아이는 오래 살지 못하고 죽었다. 그러나 솔로몬은 하나님의 은혜와 부모의 축복을 마음껏 받고 태어났기 때문에 지혜의 왕이 될 수 있었다. 이렇게 하나님과 회복된 관계, 성령 충만한 가운데 잉태하는 것은 아기의 장래에 커다란 영향을 미친다.

　그리스도인의 태교는 하나님 안에서 찾아야 하며 하나님이 원하시는 대로 해야 한다는 것을 우리는 엘리사벳과 밧세바의 이야기를 통해서 알 수 있다.

나는 여호와 너희의 거룩한 이요 이스라엘의 창조자요 너희의 왕이니라 사 43:15

04
태아의 발육과 월령에 따른 태교

1개월 수정이 되는 것은 최종 월경일의 첫날부터 2주 정도 후다. 수정란은 즉시 세포 분열을 시작하며 계속 엄청난 성숙을 한다. 28일째가 되면 심장이 뛰기 시작한다.

2개월 뇌의 신경 기능이 조직화되어 뇌파 검사를 할 수 있고 배아의 눈, 코, 입과 함께 각 장기의 기초와 잇몸이 형성되며 손가락과 발가락이 발달하나 뚜렷하게 구분되지는 않는다. 이때부터 배아는 모체의 자궁에서 자유롭게 수영도 할 수 있게 된다. 둘째 달 말경엔 완전한 뇌를 갖게 된다.

3개월 손가락과 발가락의 모양이 뚜렷해지고 손과 발에서 손톱과 발톱이 보이며 성기가 발달하여 외견상으로도 구분이 가능하다. 몸의 조직이 성인과 거의 같아진다. 체형도 더욱 길어져 2등신에서 3등신으로 발달한다. 잠자고 깨는 일을 시작하고 그 주기가 일정해진다. 13주가 되면 태아는 자신의 손가락을 빨기도 하고 엄마와의 적응기를 마치며 태교를 시작할 시기가 된다.

4개월 심장이 완성되어 힘차게 펌프질을 하며 간과 위, 장 등이 활발히 운행한다. 태반 역시 완전히 완성되고 제대를 통해 산소와 탄산가스의 교환이 이루어진다. 영양 공급과 노폐물의 처리 과정이 확실히 구분되고 태아의 성별이 확실해진다. 피부가 두꺼워지고 몸에 솜털이 듬성듬성 자라기 시작한다. 손과 발을 자유자재로 움직이며 하품도 한다.

5개월 태아의 모양은 완전한 사람 모양이지만 머리가 상대적으로 크며 불균형한 상태다. 태아는 발로 엄마의 배를 자주 차고 빙글빙글 돌기도 하고, 엉덩이를 움직이기도 하며 딸꾹질도 한다. 태아의 위치 변화도 다양해진다. 탯줄이 아직은 굵거나 길지 않아 빙글빙글 도는 일은 많지 않다. 신진대사가 활발히 진행되고 지방이 붙기도 하지만 피하 지방은 매우 적다. 얼굴의 생김새가 매우 뚜렷해진다. 안구의 움직임이 생기고 눈꺼풀이 움직이는 것을 확인할 수 있다. 가끔 표정 관리도 한다.

6개월 대뇌는 주름이 잡히기 시작하고 간뇌도 뚜렷하게 활동한다. 신경반사와 자율 신경의 활동도 시작된다. 원시적인 감정이 싹트며 눈, 귀, 피부의 감각도 더욱 예민해진다. 점차 감정을 밖으로 표출하기도 한다. 태아의 피부는 장밋빛으로 아직은 주름투성이다. 양수를 마시며 하품도 크게 한다.

7개월 얼굴 윤곽이 뚜렷해지고 눈을 떠서 사물을 볼 수 있게 된다. 아기가 필요로 하는 오감을 완전하게 가지게 되며 근육이 단단해지고 수면과 각성이 분명해진다. 엄마가 공복 시에는 자신의 손을 빨거나 입을 벌려 무언가를 요구한다. 눈은 빛에 예민하게 반응하고 동공 반사가 나타난다.

8개월 평소에 부모나 다른 사람들이 하는 말과 주위의 소리를 명확하게 구분할 수 있게 되고 아기의 생활 리듬이 어머니에게 맞춰지게 된다. 어머니가 심하게 움직이면 아기는 가만히 있다가, 어머니가 조용해지면 아기는 움직인다. 아기의 위치는 이 시기에 정해진다. 조산일 경우 모체 밖에서의 발육은 가능하지만 생존 가능성은 매우 희박하다.

9개월 10개월의 태아와 거의 같은 모양을 하고 있으나 만삭의 태아와 비교할 때 신장이나 체중이 미달이다. 피부의 주름이 줄어들고 피하 지방도 붙기 시작하여 통통한 모습을 갖게 되고 머리카락이나 손톱도 자란다. 하루에 약 2컵 정도의 양수를 마시고 비슷한 양의 소변을 본다. 청각이 완성되고 외부의 자극에 분명한 반응을 보인다. 자신의 감정을 얼굴 표정으로 나타내기도 하고 손을 빨기도 하며 규칙적인 행동을 한다. 식후에는 활발한 심호흡 운동을 한다.

머리카락이 2~3cm 정도 자라 있고 폐 기능도 완전해진다. 호흡 운동과 입 운동을 하여 신생아와 거의 비슷한 모습이다. 모체에서 태반을 통하여 면역력이 전달된다. 움직임이 적어지고 차분한 느낌을 가지며 잘 움직이지 않는다.

10개월 태아는 자궁 밖에서도 성숙할 수 있을 정도로 거의 다 자랐고 모체에서 나올 준비를 한다. 자극에 민감하게 반응한다. 머리가 아래로 향하게 되나 일부는 옆으로 눕거나 머리가 위를 향하는 경우도 있다. 아기는 매우 릴렉스한 상태로 조용하게 지낸다. 아기는 자신의 우뇌로 해야 할 일들을 어머니의 뇌로부터 읽어내고 출산을 위해 만반의 준비를 한다.

아기가 자라며 강하여지고 지혜가 충만하며 하나님의 은혜가 그의 위에 있더라
눅2:40

05

성령 충만한 태교

태아는 임신부가 느끼는 모든 것을 그대로 느낀다. 그러므로 임신부의 몸과 마음가짐에 대한 강조는 새삼스러울 것이 없다. 임신부는 태아의 영적 교류를 위해 늘 하나님의 말씀을 묵상하며 기도하고 찬송하는 생활을 해야 한다. 이것은 그리스도인에게 있어서 가장 기본이 되는 것이다. 비옥한 땅에 씨앗을 뿌려야 좋은 열매를 많이 거둘 수 있는 것처럼 임신부의 성령 충만한 생활은 태아의 인격 형성에 기본이 되는 것이다.

부부 사이에 문제가 있거나 임신부 주변에 갈등의 소지가 있는 문제들은 대화로 풀 수 있어야 한다. 임신 중 부부간의 대화는 참으로 중요하다. 부드러운 대화 환경을 만들기 위해 노력해야 한다. 갈등을 풀기 위한 해결책을 모색하며 그에 대한 협의점을 논의할 수 있어야 한다. 남편의 잘못이나 아내의 잘못을 승화시킬 수 있어야 한다.

또한 말씀을 묵상하고 기도한 것을 삶에서 적용해야 한다. 그리스도인의 가장 약한 부분이 바로 이 부분이 아닐까 생각한다. 은혜로운 말씀으로 감동을 받고 성령 충만한 것 같으나 삶에 적용하지 않으면 그것은 돌밭에 뿌린 씨앗과 같이 금세 소멸되고 거듭나지 못한 모습으로 생활하게 되는 것이다. 똑같은 문제로 갈등하고 싸우며 서로의 탓만 하게 된다.

그러나 성령 충만한 사람은 자신의 모습을 깊이 돌아보며 갈등의 원인을 자기에게서 찾는다. 자신의 부족한 모습을 주님 앞에 내어놓고 주님의 인도하심을 구하며 겸손함으로 무릎을 꿇는다. 이런 부모의 신앙생활은 태중의 아기에게 유산이 되며 아기를 통해 하나님의 영광을 나타낼 바탕이 된다.

🍃 큰 소리로 불러 이르되 여자 중에 네가 복이 있으며 네 태중의 아이도 복이 있도다
눅 1:42

06

태아와 함께 하나님을 찬양하라

누가복음 1장에 보면 어느 날 가브리엘 천사가 나사렛 동네의 처녀 마리아를 찾아왔다. 가브리엘 천사는 하나님의 소식을 전하는 천사로 나사렛에 사는 마리아를 찾아온 것이다. 이때 천사가 "그에게 들어가 이르되 은혜를 받은 자여 평안할지어다 주께서 너와 함께 하시도다 하니"(눅 1:28)라고 말하였다.

이렇게 임신한 여성이 축복을 받을 수 있었던 것은 하나님의 말씀을 자기 이성으로 받지 않고 능치 못함이 없는 하나님의 말씀을 그대로 믿었기 때문이다. 그들은 태아와 함께 하나님을 찬양했다.

찬양은 영원무궁토록 하나님께 드려지는 향기로운 제사다. 찬양은 하나님께는 영광이요, 태중에 있는 아기에게 사랑의 멜로디가 된다. 태아는 엄마의 말을 알아듣는다.

지금 엄마가 하는 말을 알아듣기 때문에 임신부들은 언제나 좋은 언어, 기쁨이 되는 언어를 사용해야 한다. 만약 엄마가 나쁜 언어를 쓰고 있다면 태아는 인상을 쓰고 얼굴을 찌그러뜨린다. 그러므로 엄마는 태중에 있는 아가를 위해서 기도하고 찬양해야 한다. 찬양은 우리로 하여금 기도를 대신하는 힘이 있고 감사하며 즐거워할 수 있는 능력이 되기 때문이다. 이처럼 찬양만큼 우리에게 큰 감동을 주고 카타르시스(catharsis)를 느끼게 하는 것은 없다. 그러므로 임신부는 항상 찬양하는 삶을 살아야 한다.

그리고 엄마는 태아를 위해서 다음과 같이 기도해야 한다.

아기가 건강하게 자라도록

기형 요인이 발생하지 않도록

건강하게 태어나도록

이목구비, 오장육부가 뚜렷하고 균형 있게 자라도록

만삭되어 태어나도록

배 속에서부터 성령 충만한 아이가 되도록

예수님의 다시 오심을 준비하는 세례 요한 같은 아이가 되도록

하나님을 경외하는 아이가 되도록

부모에게 효도하는 아이가 되도록

이웃을 위하여 눈물을 흘릴 줄 아는 아이가 되도록

지혜롭고 총명한 아이가 되도록

하나님과 사람에게 존귀하게 되도록

공부를 잘하도록

이처럼 기도할 때 태아는 엄마의 태중에서 성령 충만한 가운데 자라날 것이다.

🍃 왕이신 나의 하나님이여 내가 주를 높이고 영원히 주의 이름을 송축하리이다

시 145:1

07

태아에게 말씀 들려주기

어릴 때 부모에게 들은 옛날이야기나, 훌륭한 사람들에 대한 이야기는 성장한 후에도 머릿속에 남는다. 아마 많은 사람이 이러한 경험을 했을 것이다. 어렸을 적 부모로부터 들은 이야기는 장성한 후에 들은 그 어떤 이야기보다 우리의 가슴 깊은 곳에 따뜻하게 자리하고 있다. 그렇다면 임신 기간에 들려주는 이야기는 어떠할까?

태아는 임신 4개월만 지나면 엄마 아빠의 목소리를 인식한다. 그래서 이때부터는 성경 말씀이나 성경 인물에 대한 이야기를 아빠가 들려준다면 더없이 좋을 것이다.

또 이런 모습을 보고 계시는 하나님은 얼마나 기뻐하실까? 아마 흐뭇한 미소를 지으실 것이다. 당신께서 위임하신 생명 창조의 사역을 잘 감당하기 위해 부부가 서로 화합하여 배 속의 아기에게 당신의 양식을 공급하니, 하나님은 부부를 대견하게 여기실 것이다. 하나님의 축복은 이런 부부에게 임할 것이다.

위대한 인물 뒤에는 훌륭한 어머니가 있다. 에이브러햄 링컨, 존 웨슬리, 아우구스티누스, 헬렌 켈러, 폴 틸릭 등 수많은 사람은 어릴 때 어머니가 들려준 하나님의 말씀이 힘이 되었다고 말한다.

어머니의 무릎 위에 앉아서 재미있게 듣던 말
그때 일을 지금도 내가 잊지 않고 기억합니다.
귀하고 귀하다 우리 어머니가 들려주시던 재미있게 듣던 말
이 책 중에 있으니 이 성경 심히 사랑합니다 〈찬송가〉 199장

08

태아와 함께 하나님과 대화하기

우리는 하나님 앞에 일방적인 기도를 많이 한다. 내가 원하는 것, 내가 바라는 것들을 나열하고 그 모든 것을 들어주시기를 바라는 기도를 한다. 그러나 하나님께서는 일방적인 기도보다 대화를 원하신다. 오늘 하루 있었던 일을 섬세하게 나누기를 원하시는 것이다. 기쁜 일이든 슬픈 일이든, 가슴 아픈 일이든, 억울한 일이든, 하나님과 의논하기를 원하신다.

자녀를 키우는 부모가 있는데 그 자녀가 말을 잘하지 않는다고 생각해 보라. 자녀가 말을 해도 일방적으로 자기가 원하는 것만을 이야기한다면 화가 날 것이다. 하나님도 그러하시다.

아버지, 오늘은 아기가 태동을 하기 시작했어요.
점심을 먹고 성경을 보며 좀 쉬는데 갑자기 제 배를 차지 뭐예요.
기분이 정말 묘해요.
처음 느끼는 기분이었어요.
저는 생각했죠.
'이 자그만 배 속에서 어떻게 움직일 수 있을까?'
무슨 표현을 하기 위해서 발로 찬 것일까요? 아버지는 어떻게 생각

하세요?

그런데 새삼 아버지께서 생명을 창조하시고 또 저에게 이런 잉태의
기쁨을 주신 것이 얼마나 감사한지 눈물이 나요. 또 아버지의 사역에
동참할 수 있다는 게 정말 자랑스러워요. 저 정말 잘할게요.
아버지 실망시키지 않고 아기를 잘 키우도록 노력할게요.
아버지께서도 제 배 속의 아기를 마음껏 축복해 주세요.

이렇게 주님과 대화한다면 얼마나 기뻐하실지 생각해보라. 거창하고
딱딱한 기도보다는 작은 것도 섬세하게 아뢰며 기도한다면 하나님께서 기
쁘게 들으실 것이다.

 주 예수 크신 사랑 늘 말해 주시오
······
나 항상 듣던 말씀
나 항상 듣던 말씀
주 예수 크신 사랑 또 들려주시오 〈찬송가〉 205장

09
태교에 임하는 마음가짐

　태교는 중요하다. 그래서 부모는 다음과 같은 자세를 가지고 태교해야 한다.

　첫째, 아기가 내 몸 속으로 들어온 것은 축복이다. 태교는 아름다운 탄생을 준비하는 과정이다. 하나님의 계획 아래 고귀한 생명을 잉태했다면 임신 사실을 기쁨으로 받아들여야 한다. 임신을 기쁨으로 여기지 않는다면 아기는 엄마의 마음을 그대로 느끼면서 자라기 때문에 엄마가 자신을 사랑하지 않는다고 생각한다. 그러므로 태교의 시작은 하나님의 계획하심으로 임신하였기에 아기가 엄마의 몸 속으로 들어온 것을 축복해야 한다.

　둘째, 아들인지 딸인지에 너무 얽매이지 말아야 한다. 건강한 아기를 출산하겠다는 생각보다 딸을 낳겠다, 아들을 낳겠다는 생각에 치우치면 제대로 된 태교를 할 수 없다. 가뜩이나 임신 중에 걱정이 많은데 이러한 스트레스에 시달린다면 임신부의 마음이 너무 불편하다. 아들이든 딸이든 건강한 아기를 낳겠다는 생각을 하는 것이 중요하다.

　셋째, 부모가 되기 위해 몸과 마음을 준비한다. 첫 임신은 신비하면서도 불안하고 두려운 경험이다. 산부인과를 가는 일도 어렵고, 내진을 받는 것도 두려운 일이다. 또 입덧의 고통, 코끼리처럼 걷잡을 수 없이 불어나는 몸무게, 조증과 울증이 수시로 교차되는 감정 기복…….

어머니가 되는 일은 어렵고 힘든 자신과의 싸움이다. 그렇기 때문에 임신 기간은 어머니로서 미리 훈련을 받는 것이나 다름없다. 하루하루가 다르게 생명의 자라남을 몸으로 느끼며, 이 세상 어느 누구보다도 아기를 사랑하는 부모로서 새롭게 준비하는 기간이다.

넷째, 임신부로서의 특권을 누려야 한다. 임신은 여성만이 누릴 수 있는 특권이다. 스스로 특권을 누리겠다고 마음을 먹어야 다른 사람도 특급 대우를 해주는 것이다. 당당하게 혜택을 받아야 한다. 지하철에서 양보해주는 자리에 고맙게 앉고, 남편에게 다리 마사지도 자주 받는 게 좋다.

다섯째, 태아를 신뢰하는 마음을 가져야 한다. 임신 기간 내에는 정기검진을 받을 일 많고, 남과 다른 이상 징후가 나타날 수도 있다. 때때로 태아가 기형아가 아닐까 걱정이 되기도 한다. 이러한 불안감은 누구나 겪는 것이다. 태아가 아무 일 없이 잘 자라고 있을까? 걱정되는 일이 있다면 마음을 보다 편안하게 갖도록 노력하고, 자주 기분이 전환되는 일을 하는 것이 좋다.

이제 태아는 한 가족의 구성원이다. 부모의 사랑으로 성장하고 발육하는 생명이다. 부모가 태아를 귀중히 생각하면 태아는 무한한 잠재력과 생명력을 발휘하게 될 것이다. 태아는 이미 스스로 완전하기 때문에 부모는 잘 자랄 수 있도록 태내의 환경을 안전하게 지켜주면 된다. 엄마가 즐거우면 아기도 즐겁다. 엄마와 아기는 한 몸이기에 억지로 지겨운 마음으로 태교를 하려고 하지 말고 자신이 진정으로 즐거워지는 태교를 해야 한다.

그에게 들어가 이르되 은혜를 받은 자여 평안할지어다 주께서 너와 함께 하시도다
눅 1:28

10

부모가 태아에게 미치는 영향력

산부인과 의사들의 말에 의하면 부부 싸움이나 내면의 갈등으로 인해 흥분상태에 있는 임신부를 초음파로 조사하면 태아의 움직임이 이상하다고 한다.

이는 임신부의 마음이 혼란스러워지면 뇌에서 분비하는 호르몬에 변화가 일어나고 이것이 혈액을 타고가 탯줄을 통해 태아에게 전달되어 그 자극으로 태아의 움직임에 이상을 일으키는 것으로 추정된다.

독일에서 동성애에 빠져 있는 남성의 수를 출생 년도별로 정리했더니 2차 세계 대전 후(42-47년)에 태어난 사람이 10만 명 가운데 50-70명 정도로, 평소의 18-40명보다 현저히 많다는 보고도 있다.

어머니는 태아를 위해서 좋은 환경을 갖추어야 한다. 태아에게 있어서 환경이란 제일 먼저 어머니의 배 속(자궁)을 말할 수 있다. 그리고 어머니의 행동, 말투, 감정 등 어머니의 모든 것이 태아에게 있어서는 중요한 환경이라고 할 수 있다. 어머니라는 유일한 환경 속에서 얼마만큼 좋은 자극을 받느냐에 따라 태아의 정서와 능력의 발달이 거의 결정된다.

태아의 환경인 어머니는 곧 그가 처해 있는 주변의 것들에 의해 불안과 안정, 기쁨과 슬픔, 평화와 공포를 겪게 마련이다. 따라서 태아의 환경은

어머니뿐만 아니라, 외부 환경인 가족이나 이웃도 협력하여 태아에게 유
익하도록 만들어주어야 한다.

> 아기가 자라며 강하여지고 지혜가 충만하며 하나님의 은혜가 그 위에 있더라
>
> 눅 2:40

순산을 위한 기도

우주의 창조주이신 하나님,
저희에게 주신 아기를
모든 은혜로 축복하여 주옵소서.

주님께서 주신 사랑에 비하면
저희의 응답이 너무나 미약하오니
너그러이 용서하시고
끝없는 사랑으로 축복하시어
순산의 은혜를 내려주옵소서.

아기를 순산하여
산모와 함께 건강하다는 것으로
주님께 감사와 찬미드릴 수 있게 하여주옵소서.

아기가 순산하기 위하여
저희가 더욱 열심히 기도하오니
더욱 착하고 진실되게 살게 하시고
모든 사람에게 긍휼을 베풀며 살게 하옵소서.
저희 생명이며 사랑이신 예수님을 통하여
순산할 수 있도록 은혜를 베풀어주시기를 기도하오며
예수님의 이름으로 기도를 드립니다. 아멘.

8
PART

순 산 의
은 혜

1

임신부를 위한
월별 묵상

임신

임신은 당신을 사랑하시는 분의 손길을 통해 나온 것이다.

🍃 내가 너를 모태에 짓기 전에 너를 알았고 네가 배에서 나오기 전에 너를 성별하였고 너를 여러 나라의 선지자로 세웠노라 하시기로 예레미야 1:5

🍃 우리는 하나님께 속하였으니 하나님을 아는 자는 우리의 말을 듣고 하나님께 속하지 아니한 자는 우리의 말을 듣지 아니하나니 진리의 영과 미혹의 영을 이로써 아느니라 요한일서 4:6

🍃 너희는 집을 짓고 거기에 살며 텃밭을 만들고 그 열매를 먹으라 아내를 맞이하여 자녀를 낳으며 너희 아들이 아내를 맞이하며 너희 딸이 남편을 맞아 그들로 자녀를 낳게 하여 너희가 거기에서 번성하고 줄어들지 아니하게 하라 예레미야 29:5-6

🍃 보라 자식들은 여호와의 기업이요 태의 열매는 그의 상급이로다 시편 127:3

영적 태아

아기가 성장하는 동안 하나님께서는 당신의 인격도 성장시키신다.

🖋 너희 안에서 착한 일을 시작하신 이가 그리스도 예수의 날까지 이루실 줄을 우리는 확신하노라 빌립보서 1:6

🖋 인내를 온전히 이루라 이는 너희로 온전하고 구비하여 조금도 부족함이 없게 하려 함이라 야고보서 1:4

🖋 모든 성경은 하나님의 감동으로 된 것으로 교훈과 책망과 바르게 함과 의로 교육하기에 유익하니 이는 하나님의 사람으로 온전하게 하며 모든 선한 일을 행할 능력을 갖추게 하려 함이라 디모데후서 3:16-17

🖋 그런즉 너희는 먼저 그의 나라와 그의 의를 구하라 그리하면 이 모든 것을 너희에게 더하시리라 마태복음 6:33

두려움으로부터 해방

당신을 두려움(아기 기형, 유산, 해산의 고통, 아기 장래 등)으로부터
해방시켜 주는 것은 하나님의 평안이다.

✦ ─ ✦ ─ ✦ ─ ✦ ─ ✦ ─ ✦ ─ ✦ ─ ✦ ─ ✦ ─ ✦ ─ ✦ ─ ✦ ─ ✦ ─ ✦

🍃 여호와께서 시온에서 네게 복을 주실지어다 너는 평생에 예루살렘의 번
영을 보며 네 자식의 자식을 볼지어다 이스라엘에게 평강이 있을지로다

시편 128:5-6

🍃 아무것도 염려하지 말고 다만 모든 일에 기도와 간구로, 너희 구할 것을
감사함으로 하나님께 아뢰라 그리하면 모든 지각에 뛰어난 하나님의 평
강이 그리스도 예수 안에서 너희 마음과 생각을 지키시리라 빌립보서 4:6-7

🍃 주께서 심지가 견고한 자를 평강하고 평강하도록 지키시리니 이는 그가
주를 신뢰함이니이다 너희는 여호와를 영원히 신뢰하라 주 여호와는 영
원한 반석이심이로다 이사야 26:3-4

🍃 네 아버지의 하나님께로 말미암나니 그가 너를 도우실 것이요 전능자로
말미암나니 그가 네게 복을 주실 것이라 위로 하늘의 복과 아래로 깊은 샘
의 복과 젖먹이는 복과 태의 복이리로다 창세기 49:25

✦ ─ ✦ ─ ✦ ─ ✦ ─ ✦ ─ ✦ ─ ✦ ─ ✦ ─ ✦ ─ ✦ ─ ✦ ─ ✦ ─ ✦ ─ ✦

안정감

자신의 사고를 다스리는 여인은 자신의 감정도 다스린다. 이것이 훈련된 마음이다.

🍃 아버지가 자식을 긍휼히 여김같이 여호와께서는 자기를 경외하는 자를 긍휼히 여기시나니 이는 그가 우리의 체질을 아시며 우리가 단지 먼지뿐 임을 기억하심이로다 시편 103:13-14

🍃 나의 걸음이 주의 길을 굳게 지키고 실족하지 아니하였나이다 하나님이 여 내게 응답하시겠으므로 내가 불렀사오니 내게 귀를 기울여 내 말을 들 으소서 시편 17:5-6

🍃 그러므로 너희 마음의 허리를 동이고 근신하여 예수 그리스도께서 나타 나실 때에 너희에게 가져다 주실 은혜를 온전히 바랄지어다 베드로전서 1:13

🍃 이르시되 너희가 너희 하나님 나 여호와의 말을 들어 순종하고 내가 보기 에 의를 행하며 내 계명에 귀를 기울이며 내 모든 규례를 지키면 내가 애 굽 사람에게 내린 모든 질병 중 하나도 너희에게 내리지 아니하리니 나는 너희를 치료하는 여호와임이라 출애굽기 15:26

🍃 너희가 기도할 때에 무엇이든지 믿고 구하는 것은 다 받으리라

마태복음 21:22

자제력

자신을 훈련하며 균형 잡힌 생활을 하라.

🍃 노하기를 더디하는 자는 용사보다 낫고 자기의 마음을 다스리는 자는 성을 빼앗는 자보다 나으니라 잠언 16:32

🍃 모든 지킬 만한 것 중에 더욱 네 마음을 지키라 생명의 근원이 이에서 남이니라 잠언 4:23

🍃 부지런한 자의 손은 사람을 다스리게 되어도 게으른 자는 부림을 받느니라 잠언 12:24

🍃 손을 게으르게 놀리는 자는 가난하게 되고 손이 부지런한 자는 부하게 되느니라 잠언 10:4

🍃 부지런한 자의 경영은 풍부함에 이를 것이나 조급한 자는 궁핍함에 이를 따름이니라 잠언 21:5

🍃 우리가 이 보배를 질그릇에 가졌으니 이는 심히 큰 능력은 하나님께 있고 우리에게 있지 아니함을 알게 하려 함이라 고린도후서 4:7

6개월

분별력

아기의 출생에 대해 믿음으로 현명하게 말하고
항상 하나님을 찬양한다.

🍃 너희는 이 세대를 본받지 말고 오직 마음을 새롭게 함으로 변화를 받아 하
나님의 선하시고 기뻐하시고 온전하신 뜻이 무엇인지 분별하도록 하라

로마서 12:2

🍃 여호와여 내 입에 파수꾼을 세우시고 내 입술의 문을 지키소서 시편 141:3

🍃 내가 진실로 너희에게 이르노니 누구든지 이 산더러 들리어 바다에 던져
지라 하며 그 말하는 것이 이루어질 줄 믿고 마음에 의심하지 아니하면 그
대로 되리라 마가복음 11:23

🍃 내 눈을 열어서 주의 율법에서 놀라운 것을 보게 하소서 시편 119:18

가정 준비

하나님은 당신이 준비하는 모든 것에 동반자가 되기를 원하신다.
남편과 아기 돌봄 준비, 갓난아이 돌보는 교육 과정 등에
등록하여 교육을 받는다.

🪶 그러나 여호와여, 이제 주는 우리 아버지시니이다 우리는 진흙이요 주는 토기장이시니 우리는 다 주의 손으로 지으신 것이니이다 이사야 64:8

🪶 내 계명을 지켜 살며 내 법을 네 눈동자처럼 지키라 이것을 네 손가락에 매며 이것을 네 마음판에 새기라 지혜에게 너는 내 누이라 하며 명철에게 너는 내 친족이라 하라 잠언 7:2-4

🪶 지혜를 얻는 자는 자기 영혼을 사랑하고 명철을 지키는 자는 복을 얻느니라 잠언 19:8

🪶 두 사람이 한 사람보다 나음은 그들이 수고함으로 좋은 상을 얻을 것임이라 전도서 4:9

🪶 나의 하나님이 그리스도 예수 안에서 영광 가운데 그 풍성한 대로 너희 모든 쓸 것을 채우시리라 빌립보서 4:19

출산을 위한 준비

해산케 하시는 주님을 의지하며 기도로 막달을 준비한다.

🍃 네 짐을 여호와께 맡기라 그가 너를 붙드시고 의인의 요동함을 영원히 허락하지 아니하시리로다 시편 55:22

🍃 인내를 온전히 이루라 이는 너희로 온전하고 구비하여 조금도 부족함이 없게 하려 함이라 야고보서 1:4

🍃 그러므로 너희가 이제 여러 가지 시험으로 말미암아 잠깐 근심하게 되지 않을 수 없으나 오히려 크게 기뻐하는도다 너희 믿음의 확실함은 불로 연단하여도 없어질 금보다 더 귀하여 예수 그리스도께서 나타나실 때에 칭찬과 영광과 존귀를 얻게 할 것이니라 베드로전서 1:6-7

🍃 그러나 내가 가는 길을 그가 아시나니 그가 나를 단련하신 후에는 내가 순금같이 되어 나오리라 욥기 23:10

9개월

해산 준비

주님은 당신의 구원자, 당신의 위대한 의사로서 임재해 주실 것이다.

🍃 오직 주께서 나를 모태에서 나오게 하시고 내 어머니의 젖을 먹을 때에 의지하게 하셨나이다 내가 날 때부터 주께 맡긴 바 되었고 모태에서 나올 때부터 주는 나의 하나님이 되셨나이다 시편 22:9-10

🍃 여호와께서 자기 백성에게 힘을 주심이여 여호와께서 자기 백성에게 평강의 복을 주시리로다 시편 29:11

🍃 내가 진실로 진실로 너희에게 이르노니 너희는 곡하고 애통하겠으나 세상은 기뻐하리라 너희는 근심하겠으나 너희 근심이 도리어 기쁨이 되리라 여자가 해산하게 되면 그 때가 이르렀으므로 근심하나 아이를 낳으면 세상에 사람 난 기쁨으로 말미암아 그 고통을 다시 기억지 아니하느니라

요한복음 16:20-21

🍃 내가 모태에서부터 주를 의지하였으며 나의 어머니의 배에서부터 주께서 나를 택하셨사오니 나는 항상 주를 찬송하리이다 시편 71:6

🍃 내게 능력 주시는 자 안에서 내가 모든 것을 할 수 있느니라 빌립보서 4:13

2

태교 음악을
감상하는 방법

태교 음악을 감상하는 방법은 감상 그 자체에 의존하는
수동적인 방법과 신경을 자극시키는 감각적인 방법, 부드러운 선율로
감정적 사고를 고취시키는 정서적인 방법 등 여러 가지가 있다.
그러나 임신부는 부담 없이 듣는 감각적, 정서적 감상법이 바람직할 것이다.

♥ 음악 감상 전 해야 할 일

음악을 감상하기 전에 임신부가 해야 할 몇 가지를 정리하면, 우선 음악을 듣기 전에 심호흡을 해서 최대한 몸과 마음을 풀어주는 것이 필요하다. 벽에 기대어 앉거나 바닥, 침대에 편히 누워서 감상하는 것이 좋다. 음악을 듣기 전에 태아에게 어떤 음악을 들을지에 대해 물으며 태담을 나누는 것도 좋다.

음악을 감상할 때에는 방음과 조명 또한 중요한데, 음악을 틀었을 때 음이 방의 벽에 부딪혀 울린다면 오히려 피로를 느낄 수 있으므로 카펫이나 방석 그 외 흡수될 수 있는 가구를 놓아서 음의 반사를 막는 것이 좋다.

소리의 크기는 각 개인의 기호에 따라 다르겠지만 지나치게 크지도 작지도 않은 중간 정도가 적당하다. 음악의 볼륨을 너무 크게 해서 마음을 불편하게 해서는 안 되며 같은 음악을 반복해서 듣는 것은 오히려 피곤함을 느끼게 할 수도 있다.

또한 태아는 보통 2~3시간 잠을 자고 30분 정도 생활하므로 태동이 느껴질 때 음악을 들려주는 것이 좋다. 태동이 없을 때는 조용한 음악을 듣거나 음악을 듣지 않고 쉬는 것도 좋겠다.

음악 감상은 조용한 환경에서 한 곡이나 두 곡 정도의 짧은 음악이 좋으며 기분이 좋지 않을 때, 침체되어 무엇이든지 할 의욕이 없을 때, 피곤하고 불안할 때, 슬픈 생각에 빠질 때, 흥분했을 때, 잠이 오지 않을 때, 깊은 생각에 잠겨 있을 때 듣는 것이 좋다.

태교 음악을 감상하는 자세는 비스듬히 소파에 앉거나 부드러운 방석으로 허리를 받치고 기대어 앉아 감상하거나 흔들의자에 앉아서 듣는 것이 긴장을 풀고 심신을 편안하게 해준다. 어머니의 감정은 그대로 태아에게 전해지므로 특히 곡 선정을 할 때 처음에는 빠른 악장, 다음에는 느린 악장, 그다음에는 다른 악기로 연주하는 곡을 듣는 것이 좋다. 예를 들면 바이올린 곡 다음에는 호른, 그다음에는 피아노 순서로 또는 성악, 기악 등의 순서로 듣는 것을 추천한다.

♥ 단계별 태교 음악

임신 초기 음악평론가 이헌석은 임신 초기에 엄마의 마음을 안정시키고 태아의 발달을 돕는 모차르트의 〈피아노 협주곡 21번 2악장 안단테〉를 추천한다.

이 곡은 영화 〈엘비라 마디간〉에 삽입되어 세계인의 사랑을 받았다. 이 악장은 간결하면서도 감미롭고 맑고 순수한 선율이 일품이다. 또한 노르웨이의 작곡가 그리그의 모로코의 아침을 묘사한 〈페르귄트 모음곡 중 아침〉은 플루트와 오보에로 시작되어 한층 평화롭고 신비스러운 분위기를 연출한다. 이 외에도 생상스의 동물의 사육제 중 〈백조〉, 슈만의 〈트로이메라이〉, 크라이슬러의 〈사랑의 기쁨〉, 빈의 〈작은 행진곡〉 등이 있다.

임신 중기 태아가 엄마의 심장 소리와 같은 안정된 음악을 좋아하는 시기이므로 심장 박동수와 비슷한 음악을 즐겨 듣는 것이 좋다. 바흐의 〈인간 소망의 기쁨되시는 주〉는 클래식 소품으로 유명한데, 이

곡 칸타타 147번은 온화한 선율이 마음을 따뜻하게 어루만져주는 듯하다. 또한 헨델의 수상 음악 중 〈아리아〉는 바로크 특유의 명랑하고 밝은 선율이 어머니의 배 속에서 성장하는 아이에게 즐거움을 줄 것이다.

파헬벨의 〈캐논 D장조〉는 1678년부터 1690년 사이에 작곡되었다. 이 명곡은 이미 팝 연주자들에 의해 연주되고 불릴 만큼 대중적이다. 이 곡은 매우 심플한 음악인지라 다선율 속에서도 그 구조가 투명하게 보이는 작품이다. 이외에도 바흐의 평균율 클라비어 곡집 1권 중 〈프렐류드 C장조〉, 보케리니의 〈첼로 협주곡 9번〉, 알비노비의 〈협주곡 1번〉, 코렐리의 〈합주 협주곡 9번〉도 좋다.

임신 후기 이 시기에는 뇌에 자극을 주는 소리를 들려주면 좋다. 모차르트의 〈세레나데 13번 아이네 클라이네 나흐트 무지크〉는 작은 야곡이라는 뜻으로 클래식 사상 가장 보편적인 정서와 우아한 선율을 가진 명곡 중의 하나다. 아버지 레오폴드의 사망 직후라고 할 수 있는 1787년 8월 10일에 만들어졌다. 가장 괴로운 시기에 만들어진 곡이라고는 믿기지 않을 정도로 환한 빛을 띠고 있다. 누구에게나 사랑받는 이 곡은 그야말로 모차르트가 우리에게 남긴 아름다운 음악 유산이다. 또한 슈베르트의 피아노 5중주 〈숭어〉는 18년 간 음악가로 활동하면서 무려 천여 곡이 넘는 작품을 남긴 천재 작곡가 슈베르트가 바이올린, 첼로, 더블베이스, 피아노라는 약간은 특이한 편성으로 작곡했다. 그의 기악곡 중에 가장 많이 연주되고 있으며, 가곡인 〈송어〉를 변주한 4악장은 친근한 정감이 있다. 이외에도 하이든의 〈현악 사중주곡 17번 세레나데〉, 베토벤의 〈현악 4중주곡 13번 5악장〉, 쇼팽의 〈첼로 소나타 3악장〉 등이 있다.

♥ 상황별 태교 음악

　임신부가 집안일을 할 때 조용하고 감미로운 곡을 듣는다거나, 몸이 피곤해 낮잠을 자고 싶을 때 경쾌하고 생동감 넘치는 곡을 듣는다면 결코 좋은 선택이라고 볼 수 없다. 또 임신부가 유념할 것은 격렬한 재즈 풍의 음악이나 우수가 가득 넘치는 블루스, 진혼곡 등은 태교 음악으로 부적합하다는 것이다. 그러한 곡은 임신부의 마음에 걱정이나 슬픔을 불러일으켜 곧바로 배 속에 있는 아기의 뇌 속 깊이 전염될 것이다. 따라서 임신부는 밝고 잔잔한 곡들로 상황에 맞게 태교 음악을 고르는 것이 가장 좋다.

　또한 선곡할 때 바흐, 모차르트 음악이라고 해서 다 태교에 좋은 것이 아니기 때문에 잘 선별해서 태교 음악으로 활용해야 한다. 다음 제시한 것은 임신부가 상황에 따라 효과적으로 골라 들을 수 있는 음악을 모은 것이다. 하지만 이것은 개인차를 고려한 것이 아니기에 리스트에 얽매이지 말고 자신에게 맞는 음악을 골라 듣는 것이 좋겠다.

아침에 들으면 좋은 음악	차이코프스키의 〈안단테 칸타빌레〉, 슈베르트의 〈양치기의 합창〉, 베토벤의 〈합창 교향곡〉, 오펜바흐의 〈뱃노래〉, 〈솔베이그의 노래〉, 그리그의 〈아침〉
잠자리에 들으면 좋은 음악	슈베르트의 〈자장가〉, 〈아베 마리아〉, 〈들장미〉, 베토벤의 〈엘리제를 위하여〉, 〈월광소나타〉, 비숍의 〈즐거운 나의 집〉, 푸치니의 〈허밍 코러스〉, 룸베르크의 〈세레나데〉, 브람스의 〈자장가〉, 슈만의 〈꿈〉
식사하면서 들으면 좋은 음악	크라이슬러의 〈사랑의 기쁨〉, 〈아름다운 로즈마린〉, 드보르자크의 〈슬라브 무곡 다장조〉, 〈빗방울 전주곡〉, 쇼팽의 〈즉흥 환상곡〉, 〈이별의 노래〉, 모차르트의 〈론도 알레그로〉, 헨델의 〈할렐루야〉, 바흐의 〈폴로네이즈〉
휴식할 때 들으면 좋은 음악	크라이슬러의 〈로망스〉, 〈사랑의 슬픔〉, 〈세레나데〉, 베토벤의 〈아다지오 칸타빌레 피아노 소나타〉, 슈베르트의 〈세레나데〉, 스트라빈스키의 〈세레나데〉, 모차르트의 〈세레나데〉, 바흐의 〈라르고〉, 〈알레그로〉, 베르디의 〈여자의 마음〉, 하이든의 〈현악 4중주의 세레나데 바장조〉
동요	〈고향의 봄〉, 〈개나리〉, 〈산바람 강바람〉, 〈고기잡이〉, 〈가을밤〉, 〈저녁놀〉, 〈꼬마 눈사람〉, 〈겨울밤〉, 〈코끼리 아저씨〉, 〈강아지〉, 〈개구리〉, 〈따오기〉, 〈송아지〉, 〈나비야 나비야〉, 〈악기놀이〉, 〈머리 어깨 무릎 발〉, 〈어린 음악대〉, 〈나란히 나란히〉

3
태아와 가정을 위한
1분 기도

"주님! 아기를 가졌어요.
저를 도와주세요."

1 저희에게 사랑하고 가르칠 아이를 주셔서 감사합니다. 저희가 가정을 축복해 주시고, 날마다 동행하여 주옵소서. 하나님께서 아브라함에게 주었던 복을 우리 가정에 허락해 주시고, 범사에 형통케 하여주옵소서. 사랑이 많으신 예수님의 이름으로 기도합니다. 아멘.

2 아기를 기다리는 동안 제게 인내와 평안을 주옵소서. 이 기다림의 시간을 기뻐하도록 도와주옵소서. 아가와 함께하는 이 복된 순간을 이해할 수 있도록 도와주옵소서. 사랑이 많으신 예수님의 이름으로 기도 드립니다. 아멘.

3 저희에게 주신 모든 재능을 감사드립니다. 또한 사랑으로 지도할 아이를 주셔서 감사드립니다. 이 재능을 현명하게 사용하고 제 사랑을 자유롭게 나눌 수 있도록 도와주옵소서. 사랑이 많으신 예수님의 이름으로 기도 드립니다. 아멘.

4 어디서나 당신의 사랑으로 저와 제 태아를 감싸주시니 감사드립니다. 저와 태아를 축복해 주시고 불안하고 힘든 일이 없도록 평강으로 인도하여 주옵소서. 또한 저에게 용기를 주시고 지켜주시어 불안할 때 주님의 도움을 신뢰하게 하여주옵소서. 사랑이 많으신 예수님의 이름으로 기도드립니다. 아멘.

5 제 몸에서 일어나고 있는 변화를 제가 이해하게 해주시고, 제 아이가 자라는 동안 배 속에서 영혼도 지켜주옵소서. 제 몸도 지켜주옵소서. 사랑이 많으신 예수님의 이름으로 기도 드립니다. 아멘.

6 주님은 "우리를 보시고 보시기에 좋았더라"고 말씀하셨습니다. 우리의 하루하루가 하나님 보시기에 좋은 삶이 되게 하여주옵소서. 저로 하여금 건강한 삶 가운데 창조하신 그대로 아름다움을 찾게 하여주옵소서. 저의 모든 말과 행동을 통해서 아름다움이 발견되게 하여주옵소서. 사랑이 많으신 예수님의 이름으로 기도 드립니다. 아멘.

7 제가 변화를 겪을 때 함께하시니 감사합니다. 제가 태아로 인하여 몸에 새로운 변화를 받아들이는 동안 평안을 주시고 기쁨을 주시어 주님이 저를 사랑하시듯이 저도 가족과 이웃을 사랑할 수 있도록 하여주옵소서. 제가 주님의 마음을 본받아 성숙하게 자라날 수 있도록 하여주옵소서. 사랑이 많으신 예수님의 이름으로 기도드립니다. 아멘.

8 제게 가족을 주서서 감사를 드립니다. 저를 키우면서 겪었던 어려움을 이제야 깨닫고 부모님에게 감사를 드립니다. 부모님의 은혜를 잊지 않게 하시고 저로 하여금 늘 감사하면서 살게 하여주옵소서. 그리고 제가 좋은 부모가 되도록 지혜와 유머를 주시고, 주님이 주신 지혜와 유머로 아이를 잘 양육하게 하여주옵소서. 사랑이 많으신 예수님의 이름으로 기도 드립니다. 아멘.

9 저희가 아이를 기를 수 있도록 해주서서 감사합니다. 저에게 사랑을 부어주서서 아이에게 넘치는 사랑을 주고, 언제나 인격적으로 아이를 대할 수 있도록 도와주세요. 사랑이 많으신 예수님의 이름으로 기도합니다. 아멘.

10 저희에게 아기를 선물로 주서서 감사드립니다. 태아를 제 몸과 같이 사랑하도록 도우시고 온전한 인격체로 성장하도록 도와주옵소서. 사랑이 많으신 예수님의 이름으로 기도 드립니다. 아멘.

11 아이를 위하여 태교하는 동안 주님의 존재를 느끼게 해주시니 감사를 드립니다. 또한 제게 아이를 낳을 수 있는 몸을 주서서 감사를 드립니다. 우리의 건전하고 건강한 몸으로 날마다 주님을 찬양하게 하여 주옵소서. 사랑이 많으신 예수님의 이름으로 기도 드립니다. 아멘.

12 저에게 건강한 몸과 마음을 주셔서 감사합니다. 임신 중에 더욱더 강한 힘과 믿음을 주옵고, 주님의 힘과 사랑에 대한 확신으로 나날이 충만할 수 있도록 도와주옵소서. 사랑이 많으신 예수님의 이름으로 기도 드립니다. 아멘.

13 이 세상에서 저희와 함께하사 엄마인 제 몸을 축복하시고 태중에 있는 아이에게 음식과 호흡과 노래를 나누어주시니 감사드립니다. 또한 배 속의 태아도 하나님만 의지하게 하여주옵소서. 사랑이 많으신 예수님의 이름으로 기도 드립니다. 아멘.

14 우리를 창조해 주시고 사랑해 주시니 감사를 드립니다. 제 몸속에 사랑하는 아이가 있습니다. 건강하게 지켜주시고 보호해 주십시오. 저로 하여금 아기의 발길질을 느끼고 사랑할 수 있게 도와주세요. 사랑이 많으신 예수님의 이름으로 기도 드립니다. 아멘.

15 저와 아기를 보살펴주심을 감사드립니다. 주님을 굳게 믿고 나가오니 제 영혼에 힘을 주시고 날마다 주님을 찬양하면서 살게 하여 주옵소서. 저는 부족합니다. 날마다 권고하셔서 지혜로운 어머니가 되게 하여주옵소서. 제가 지혜가 부족할 때 보살펴주시고 축복해 주세요. 사랑이 많으신 예수님의 이름으로 기도 드립니다. 아멘.

16 제가 하나님의 한없는 사랑을 받은 것처럼 사랑하는 태아에게도 한결같은 은혜를 부어주옵소서. 또한 제게 많은 능력을 주신 것에 감사를 드립니다. 저로 하여금 두려움이 없게 하시고 더욱더 강하고, 더욱더 자상하고, 더욱 용기 있는 어머니가 되게 하여주옵소서. 사랑이 많으신 예수님의 이름으로 기도드립니다. 아멘.

17 사랑하는 아이가 발길질을 합니다. 생명이 자라나고 있음에 감사를 드립니다. 제게 준 첫 신호이오니 용기와 힘을 주시어 은혜와 지혜로 태아를 잘 양육할 수 있도록 하옵소서. 사랑이 많으신 예수님의 이름으로 기도 드립니다. 아멘.

18 생명 주셔서 감사합니다. 날마다 주님께 감사드릴 수 있도록 이끌어주셔서 감사 드립니다. 제가 기도의 삶 속에서 성장할 수 있도록 또한 주님께 영광 드릴 수 있도록 도와주옵소서. 임신이라는 힘든 시간 가운데 너무 힘겹지 않도록 축복하여 주옵소서. 사랑이 많으신 예수님의 이름으로 기도드립니다. 아멘.

19 제 영혼을 날마다 축복해 주셔서 건강을 지켜주시고 몸과 마음을 새롭게 하시니 감사 드립니다. 용기와 감사하는 마음을 주시어 제게 부어주신 이 모든 축복을 느끼고 향유하고 나눌 수 있도록 하여주옵소서. 사랑이 많으신 예수님의 이름으로 기도 드립니다. 아멘.

20 저와 제 아이가 훌륭한 의사를 만날 수 있게 해주옵소서. 제 몸에 이상이 생길 때에 용기와 결단 그리고 지혜를 주옵소서. 또한 산부인과 의사들을 축복하여 주옵소서. 그들로 하여금 최선을 다하여 사람들을 돌보게 하여주옵소서. 생명의 주인이신 예수님의 이름으로 기도드립니다. 아멘.

21 아이의 탄생을 기다리는 동안 지혜와 용기를 주시고, 산고에 들 때에 저희를 더욱 축복하여 주옵소서. 건강을 지켜주옵소서. 순산의 복을 주옵소서. 사랑이 많으신 예수님의 이름으로 기도드립니다. 아멘.

22 제 감정을 표현하고 잘 전할 수 있는 언어를 주옵소서. 제가 살아가는 동안 주님의 손길을 느끼면서 주변 사람들에게 하나님의 존재를 알리는 믿음의 사람이 되게 하여주옵소서. 사랑이 많으신 예수님의 이름으로 기도 드립니다. 아멘.

23 제가 아이를 낳을 수 있도록 인도하시니 감사 드립니다. 우리의 아이를 축복해 주시고 제 영혼에 힘을 주옵소서. 이 아이로 인하여 더욱더 행복하게 살 수 있도록 은혜를 더하여주옵소서. 사랑이 많으신 예수님의 이름으로 기도 드립니다. 아멘.

24 우리는 연약하고 모든 것이 부족합니다. 그러나 하나님 한 분만을 의지하고 신뢰합니다. 하나님께서 저희에게 필요한 영의 양식을 허락하여 주옵소서. 사랑이 많으신 예수님의 이름으로 기도 드립니다. 아멘.

25 저희 부부가 매일 매일 감사하면서 살게 해주세요. 서로 존중하면서 살게 해주세요. 찬송 받기에 합당하신 하나님께서 저희 가정을 푸른 초장 푸른 풀밭으로 인도해 주세요. 사랑이 많으신 예수님의 이름으로 기도 드립니다. 아멘.

26 저희가 주님의 뜻 가운데 늘 찬양하면서 살게 하여주옵소서. 힘들고 어려워도 주님의 영광을 드러내게 하시고 어린 사무엘이 점점 자라면서 하나님과 사람들에게 은혜를 입은 것처럼 우리 아기도 그렇게 자라게 하여주옵소서. 사랑이 많으신 예수님의 이름으로 기도드립니다. 아멘.

27 모든 생명을 신비롭게 다스리시는 하나님! 저희에게 온갖 필요한 기관을 주시니 고맙습니다. 아기에게 후각과 호흡에 어려움이 없는 코를 주시어 온갖 냄새를 맡게 하시고 감사하는 사람이 되게 하여주옵소서. 사랑이 많으신 예수님의 이름으로 기도드립니다. 아멘.

28 저희 태아에게 지혜와 건강을 주시고 꿈이 많은 아이로 자라나게 해주세요. 언제나 모든 것을 기도 안에서 해결해 나가도록 슬기와 지혜를 주시고, 늘 기도함으로 원대한 꿈을 이루게 하시옵소서. 저희 가족이 언제나 기도함으로 감사하면서 성실하게 살 수 있도록 풍성한 은혜도 주옵소서. 사랑이 많으신 예수님의 이름으로 기도 드립니다. 아멘.

29 우리 온 가족이 축복의 가정이 되게 하여주옵소서. 저희에게 태아를 주심에 감사 드립니다. 태아는 주님이 주신 가장 큰 축복이자 선물이요, 주님께서 주신 저희의 분신이고 희망입니다. 주님의 은혜로 얻게 된 태아를 사랑으로 가르치고 키우도록 인도하여 주옵소서. 지금 태아는 엄마의 배 속에서 건강하게 자라고 있습니다. 하나님의 은혜로 태아가 밝고 건강하게 자라도록 이끌어주옵소서. 사랑이 많으신 예수님의 이름으로 기도드립니다. 아멘.

30 지금 저희는 태아를 위해서 하루도 빠짐없이 기도하고 있습니다. 태아가 자라는 데 영양분이 부족하지 않도록 엄마에게 건강을 주시고, 좋은 환경과 물질을 주시어 부족함이 없도록 복에 복을 더하여주옵소서. 또한 저희의 부족한 부분을 채워주시고, 태아와 저희 가정을 복된 길로 이끌어주옵소서. 사랑이 많으신 예수님의 이름으로 기도드립니다. 아멘.

31 아기에게 건강을 허락하시고 바르게 자라도록 이끌어주옵소서. 모든 신체기관이 시기에 맞게 잘 발달하고 인지, 언어, 정서가 조화롭게 발달하고 성장하게 하여주옵소서. 대뇌와 얼굴, 목과 어깨, 등과 팔다리가 튼튼하고 유연하게 자라게 하시고 오장육부와 신경계통이 정상으로 자라고 세포 하나하나가 고르게 발달하도록 도와주옵소서. 사랑이 많으신 예수님의 이름으로 기도합니다. 아멘.

32 아기가 성인이 되었을 때 겉모습만 보지 않게 하시고, 왕성한 혈기에 사로잡히지 않게 하시고, 몸은 거룩한 영혼을 담는 그릇임을 깨달아 육체적 본능에 사로잡히거나 자만하지 않도록 사랑의 손길로 이끌어주옵소서. 한순간의 충동으로 죄를 짓는 일이 없도록 인내와 지혜를 주시고 먹는 것마다 필요한 자양분이 되어 그 어떤 어려움도 극복하는 건강한 신체를 주옵소서. 아기의 모든 발육기관을 아버지의 손으로 만져주시기를 원하오며, 사랑이 많으신 예수님의 이름으로 기도합니다. 아멘.

출산 후 자녀를 위한 기도

사랑의 하나님!
280일 동안 지켜주시고 은혜 가운데 태교를 마치고 이렇게
출산하게 하여주시니 감사를 드립니다. 귀한 자녀를 선물로
받았사오니 축복하여 주시고 일생을 인도하여 주옵소서.
바라기는 아이가 성장하면서 영육간의 강건함을 주셔서, 온갖
질병과 유혹으로부터 지켜주옵소서. 또한 안전하게 성장할 수
있도록 악한 자들로부터 일평생 지켜주옵소서.

생활 및 학업의 복을 주셔서 자라면서 공부할 때 지혜와 지식과
재능과 총명과 명철과 은혜를 더하여주옵소서. 공부하는 데
어려움이 없게 하시고, 사춘기를 가족과 잘 소통하며 지나게
하시고 자기 자신에 긍지를 갖도록 이끌어주옵소서. 훌륭한
스승과 좋은 친구들을 만나게 하시고, 인권, 물권, 영권,
지도력을 주시어 하나님께 영광 돌려드리게 하여주옵소서.

형통의 복을 주셔서 모든 일이 주님의 축복 가운데 형통하게
하여주옵소서. 어디를 가든지 항상 좋은 사람을 만나게
하여주옵소서. 모든 일이 형통하여 직장 및 사업장에서 뛰어나게
하시고 친구들을 잘 만나게 하시옵소서. 일생을 하나님과
동행하며 오직 믿음 안에서 큰 영광 돌리게 하여주옵소서.

예수님의 이름으로 기도합니다. 아멘.

참고도서

궁미경,《첫 임신 출산 육아》, 문화사, 2006

김경수, 최향자,《태아를 위한 기도》, 도서출판 진흥, 2007

_____,《자녀를 기도로 디자인하라》, 누가출판사, 2009

_____,《하나님의 돌봄 기도》, 누가출판사, 2007

김군자, 김형주,《태교음악 유아음악》, 샘터교육신서, 1990

김재은,《태아도 뭔가를 배운다》, 샘터, 1972

삼성출판사 편집부,《임신 출산 육아 대백과》, 삼성출판사, 2006

박문일,《태교는 과학이다》, 한양대학교 출판부, 2000

박순경,《임신에서 출산까지 태교 ABC》, 시간과 공간사, 2002

베이비 플러스 편집부,《세상에서 가장 행복한 10개월》, 베이비 플러스, 2006

웅진리빙하우스 편집부,《소문난 임신 출산 책》, 웅진리빙하우스, 2007

주부생활 편집부,《명품 임신출산 40주 프리미엄 육아》, 주부생활, 2008

주정일,《태교 출산의 지혜》, 샘터 유아 교육신서, 1993

중앙 M&B 편집부 편,《임신출산 육아백과》, 중앙 M&B, 2003

홍일권,《꼭 알아야 할 임신과 태교 이야기》, 생명의말씀사, 2003

황성옥,《뱃속 아기와 나누는 사랑의 대화》, 한울림, 2002

루스 그래함 외,《엄마 나 임신했어요》, 주지현 역, 예수전도단, 2006

사쩌다 마꼬도,《태아 때부터 육아》, 손우수 역, 민지사, 1990

캐시 히클링,《주님 아기를 가졌어요》, 송경숙 역, 두란노 출판사, 1996

K. K. 판다지,《야무진 임신출산 10개월》, 김경인 역, 프리미엄북스, 2007